PAGES LOINTAINES

HISTOIRE ANECDOTIQUE

DU

Théâtre
de Saint-Etienne

De 1764 à 1853

PAR

BARTHÉLEMY BRAUD

SAINT-ÉTIENNE

SOCIÉTÉ DE L'IMPRIMERIE DE « LA LOIRE RÉPUBLICAINE »

26, Rue de la Bourse, 26

1899

PAGES LOINTAINES

HISTOIRE ANECDOTIQUE

DU

Théâtre de Saint-Etienne

De 1764 à 1853

PAR

BARTHÉLEMY BRAUD

SAINT-ÉTIENNE

SOCIÉTÉ DE L'IMPRIMERIE DE « LA LOIRE RÉPUBLICAINE »

26, Rue de la Bourse, 26

1899

IL A ÉTÉ TIRÉ

DE CET OUVRAGE

TROIS CENT CINQUANTE EXEMPLAIRES

NUMÉROTÉS A LA PRESSE

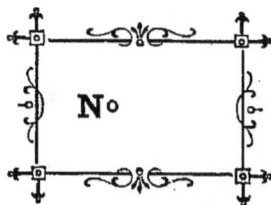

N°

Sources Consultées

Archives départementales.
Archives communales.
Manuscrit de PUPIL.
Documents appartenant à plusieurs bibliophiles.
Journal de l'arrondissement de Saint-Etienne.
Mercure Ségusien.
Le Vulcain.
Le Conservateur.
Le Stéphanois.
L'Indicateur Stéphanois.
L'Echo de la Loire.
Le Journal de Montbrison.
La Haute-Loire.
Le Commerce Stéphanois.
Rhône-et-Loire.
La Voix du Peuple.
La Sentinelle Populaire.
Le Progrès de la Loire.
Journal de Saint-Etienne.
Le Courrier de Saint-Etienne.
Le Mémorial judiciaire de la Loire.
L'Avenir Républicain.
L'Industrie.
Etc., etc.

Avant-Propos

~~~~~~~

A vous, MM. Maissial, de Fréminville, Galley et Jouve, à vous dont le savoir m'a aidé dans mes recher.hes, à vous dont la complaisance sans cesse renouvelée m'a facilité la tâche, s'en vont droits et sincères mes remerciements.

Et maintenant : Au rideau !

B. B...

HISTOIRE ANECDOTIQUE

DU

Théâtre de Saint-Etienne

DE 1764 A 1853

LA LOGGIA DE LA PLACE CHAVANELLE

E premier théâtre dont on peut faire mention à Saint-Etienne, fut construit en 1764, au milieu de la place Chavanelle, entre la rue Valette et la fontaine qui fut démolie en 1896.

C'était un baraquement de mille pieds carrés, dont les planches mal jointes laissaient aux vents, aux aquilons et à la pluie des entrées de faveur qui ne furent jamais suspendues.

Malgré cette installation primitive et peu luxueuse, en dépit de la petitesse de cette *loggia* qui pouvait à peine contenir 200 personnes, on y donna des tragédies de Corneille, de Racine, et des comédies de Molière, entre autres les *Précieuses Ridicules,* l'*Avare,* le *Malade Imaginaire.*

Les acteurs comptaient que la modicité des prix : *douze sols* les premières, *six sols* les secondes (il n'y avait pas de troisièmes), amènerait une foule aussi nombreuse que suivie.

Leurs espérances furent déçues, et la maigreur des recettes les forcèrent à déserter Saint-Etienne pour émigrer en des climats plus hospitaliers aux manifestations tragiques et littéraires.

Cela n'est point pour étonner quand on saura qu'à cette époque, notre cité comptait à peine 12.000 habitants, composés en majeure partie d'ouvriers et de tâcherons.

De 1764 à 1784, années pendant lesquelles un terrible ouragan vint enlever une partie de la toiture chancelante du premier théâtre, quelques troupes nomades et foraines vinrent, sans succès, y donner, de temps à autre, quelques représentations.

Saint-Etienne resta privé de spectacle jusqu'en 1787.

THÉÂTRE DE M. BLANC

EN RUE NEUVE

N 1787, un coiffeur nommé Blanc sollicita et obtint l'autorisation d'ouvrir un théâtre dans la rue Neuve, sur l'emplacement actuel du numéro 20 (1).

Le citoyen Pupil, graveur de son état et membre du Conseil général de la commune, qui a écrit ses impressions (2), consacre quelques lignes, que nous sommes heureux de citer, à cette salle de comédie :

« Avant la Révolution, il existait, dit-il, une salle de « comédie en rue Neuve ; on l'appelait : *Comédie de* « *M. Blanc*. C'était un théâtre très petit, on y jouait que « des petites pièces. — J'y avais été quelquefois. On la « transforma en appartements au commencement de la « Révolution. »

Quelles étaient les pièces qui s'y jouaient, les chansons qu'on y entendait ? Mystère ! c'est une question qui

---

(1) Cette indication nous a été fournie par M. Galley.

(2) Le manuscrit du citoyen Pupil se trouve à la bibliothèque de la Ville.

reste encore à résoudre, l'historien Pupil n'ayant pas eu soin, à notre grand regret, de consigner sur ses tablettes les programmes de ce théâtre, qui servait, en même temps, de cercle et de lieu de rendez-vous à une société musicale composée de 45 membres.

Le théâtre de M. Blanc fut plus fréquenté que son devancier de la place Chavanelle. Un public nombreux et bruyant s'y pressait, surtout le dimanche.

Aussi l'envahissement de cette salle de comédie attira-t-elle l'attention des autorités municipales, désireuses de savoir si ce théâtre, qui ne possédait qu'un parterre entouré de loges auxquelles on accédait par un escalier de 22 marches, présentait la solidité nécessaire pour une telle affluence.

Sur la réquisition du procureur de la commune, il fut décidé, le 16 décembre 1792, que le comité de police en ferait l'examen, et voici la délibération prise à ce sujet :

« Le Conseil général, le 22 décembre 1792, sur le rapport fait par son comité de police, que la salle destinée au spectacle et appartenant au sieur Blanc, est, non seulement insolide, mais encore que les issues et les escaliers pour communiquer sont extrêmement difficiles et étroits ; considérant que l'insolidité peut occasionner un écroulement lorsque les spectateurs sont assemblés en grand nombre, et par la difficulté d'évacuer la salle dans le cas d'un incendie ou d'un écroulement qui peut occasionner des malheurs fâcheux, et qu'il serait impossible d'éteindre à l'instant l'incendie, n'ayant aucune pompe dans la salle qui est enclavée dans des maisons, et au cœur de la ville ;

« Attendu que le poêle adapté au mur mitoyen n'est point posé d'après les règles prescrites par la coutume de Paris, qu'étant posé sur les sièges des premières loges qui sont en bois, tout menace d'un incendie ;

« Considérant que ce bâtiment peut d'autant moins servir de salle de spectacle, que dans le moment il y aurait danger pour un particulier à l'habiter ;

« Arrête que la salle est interdite et que défenses sont faites au citoyen Blanc de représenter ou faire représenter, et afin qu'il n'en ignore, le présent arrêté lui sera signifié par l'appariteur.

« Signé :

« Praire-Royet, maire ; Le Gouvé, Béraud. »

Le théâtre de M. Blanc avait vécu, et Saint-Etienne est à nouveau sevré de spectacle jusqu'au 1er vendémiaire an VI de la République.

Signalons, toutefois, pour mémoire, une série de représentations données en rue de Roanne, dans un emplacement que possédait M. Molle, par une troupe d'artistes sous la conduite des citoyens Bernard et Pourey, et différents concerts par une réunion d'amateurs stéphanois.

THÉATRE DE L'ÉGLISE DES MINIMES

E N 1798, un nommé Kloquemman demande à installer une salle de spectacle dans l'église des Minimes, qui était depuis plusieurs années désaffectée au culte et qui, depuis 1793, servait de siège aux membres de la *" Société Populaire "*.

Kloquemman reçut bon accueil à sa demande, et laissons parler pour nous les procès-verbaux de l'administration municipale.

AMPHITHÉATRE

« Devis des ouvrages à faire pour construire au fond du chœur de la ci-devant église des Minimes, un orchestre et un amphithéâtre.

« Le montant des ouvrages qui vont être expliqués est de 1.970 fr.

ARTICLE PREMIER

« L'adjudicataire démolira avec soin le *mur en marbre* qui sépare la nef du chœur « sans doute la table de

2

communion » et il en transportera avec soin les matériaux dans l'endroit qui lui sera indiqué.

« Il démolira pareillement une partie des dalles qui
pavent le chœur, sur une longueur de 5o pieds; il placera
la marche du chœur à 4 pieds plus loin et de manière
qu'elle serve de marche, pour monter à l'orchestre.

ARTICLE DEUXIÈME

« Quatre pieds au-delà de l'extrémité du gradin, il sera
fait une barrière de 31 pieds de longueur, y compris la
largeur des deux escaliers dont nous allons parler tout
à l'heure et des deux battants de la porte qui sera au
milieu de la dite barrière, qui aura 4 pieds 3 pouces de
hauteur.

ARTICLE 3

« Au milieu de cette barrière il y aura une porte à deux
battants qui auront 4 pieds 3 pouces de hauteur et 7 de
largeur ensemble. Chacun de ces battants sera composé
de deux plateaux montants de 4 pieds 3 pouces de
hauteur chacun, 10 pouces de largeur et 18 d'épaisseur,
enfin d'un plateau posé diagonalement qui aura 9 pieds
de longueur.

« Les deux battants tourneront à l'aide de 4 épares à
charnière du poids de 48 livres ensemble, et fermeront
à l'aide d'un loqueteau, d'un loquet et d'une serrure du
prix de 12 francs.

ARTICLE 4

« A l'extrémité des gradins, il sera fait à droite et à
gauche deux escaliers à deux rampes qui contiendront
chacune 14 marches, y compris deux marches palières.
Chacune des marches aura 4 pieds de long, 1 pied de
giron et 7 pouces de hauteur. Il sera placé à droite et à
gauche de ces escaliers une rampe en bois qui aura 3
pieds de hauteur.

ARTICLE 6

« Il sera fait dans le fond du chœur une plate-forme ou amphithéâtre qui aura 37 pieds de long et la largeur du chœur. Il sera porté par 3 rangs de poteaux qui auront 8 pieds de hauteur.

ARTICLE 7

« Le devant de l'amphithéâtre sera doublé avec des planches qui seront clouées sur deux poteaux qui portent le plancher de l'amphithéâtre et sur deux pièces de bois horizontales qui auront ensemble 40 pieds de long sur 45 de large.

« Il sera fait, à droite et à gauche, deux portes qui auront 6 pieds de hauteur et de largeur.

ARTICLE 8

« Sur le devant du plancher de l'amphithéâtre, il sera placé une balustrade de 23 pieds de long et 3 pieds de hauteur. Elle sera composée de 8 potelets de 3 pieds de hauteur, et de 3 panneaux à losange.

ARTICLE 9

« Dans l'intérieur de l'orchestre il sera construit une plate-forme qui élèvera de 15 pouces le sol de l'orchestre et il sera fait une marche en bois pour monter sur cette plate-forme.

ARTICLE 10

« Sur le plancher de l'amphithéâtre, il sera placé 18 bancs qui auront chacun 10 pieds 3 pouces de longueur et la même hauteur. Ces bancs seront faits en bois de pin.

ARTICLE 11

« Pour que l'adjudicataire ne puisse donner aucune excuse valable de sa négligence pour les travaux qu'il est chargé de faire, il pourra *requérir* tous les ouvriers dont il aura besoin, à condition que tous les trois jours il leur payera leurs journées suivant le cours.

« 25 pluviôse an II de la République.

« Signé : BUSSON ».

Par les extraits de ce procès-verbal il est facile de se rendre compte et de reconstituer la physionomie que devait avoir le théâtre lorsqu'il se trouvait dans l'église des Minimes, qui servait, comme nous l'avons déjà dit, de lieu de rendez-vous aux affiliés de la Société populaire.

Au reste, pour faciliter la compréhension des lieux, nous en donnons ci-contre le plan (1).

BAIL DU SIEUR KLOQUEMMAN

« 14 ventôse an VI.

« Entre les administrateurs municipaux de la commune de Saint-Etienne, agissant par suite de la délibération de ce jour, prise sur la pétition du sieur Kloquemman, directeur d'une compagnie de jeunes artistes, demeurant actuellement à Saint-Etienne, rue du Chambon,

« Et le sieur Kloquemman, lequel fait, en tant que de besoin, élection de domicile dans la maison du citoyen Charvin, traiteur, rue des Fossés, où il entend que toutes significations lui soient faites,

« Il a été convenu ce qui suit :

ARTICLE PREMIER

« Le citoyen Kloquemman jouira de la salle de spectacle qu'il a construit à ses frais, dans la ci-devant église

---

(1) Nous avons trouvé ce plan dans les archives départementales, grâce à l'obligeante indication de M. Galley.

16 bancs
à gauche

Passage de l'Amphithéâtre

16 bancs
à droite

Barrière

XXXXXX
XXXXXX

Escalier
14 marches

Escalier
14 marches

36 gradins
à gauche

Nef de la ci-devant église des Minimes

36 gradins
à droite

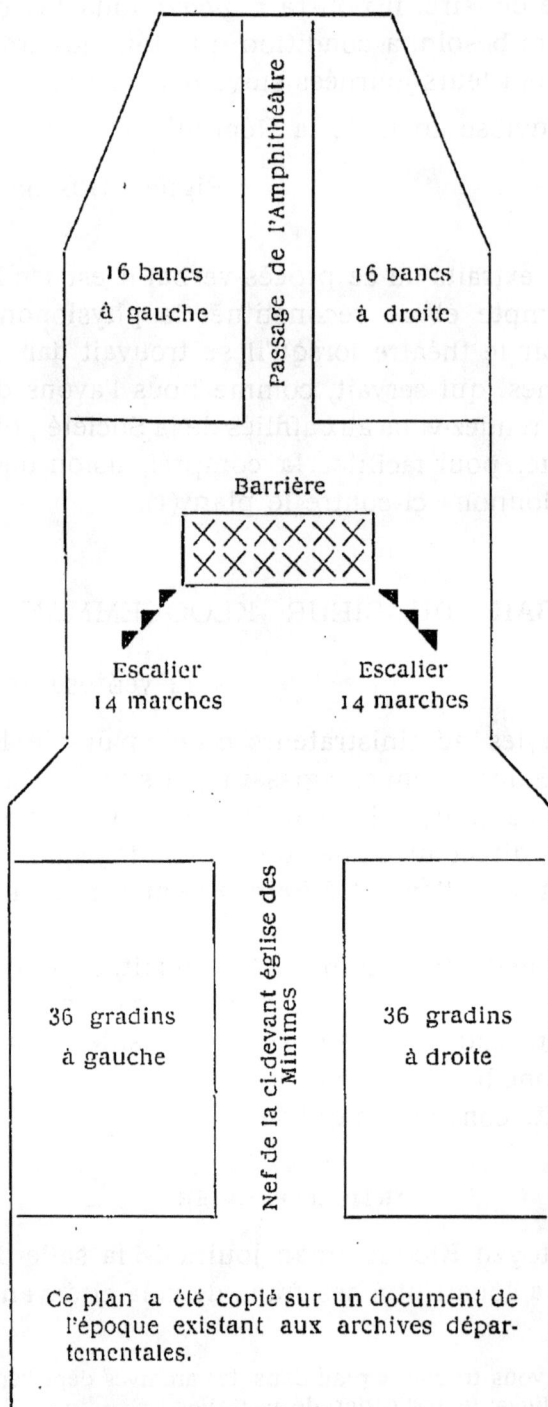

Ce plan a été copié sur un document de l'époque existant aux archives départementales.

PLAN DU THÉATRE DES MINIMES

des Minimes, pendant la durée de 14 années, qui ont commencé au 1er vendémiaire an VI et finiront au 1er vendémiaire an XX, après lequel temps ladite salle sera la propriété de la commune, et l'administration communale pourra en disposer comme de toute autre propriété communale.

ARTICLE 2

« Le citoyen Kloquemman jouira, pendant le même temps de quatorze années, des chapelles attenantes à la ci-devant Eglise et placées au Midi d'icelle, ensemble des agencements nouveaux qu'il y a pratiqués, lesquels ainsi que lesdites chapelles resteront en toute propriété et jouissance à la commune à l'expiration dudit temps. Il jouira également pendant le même temps et aux mêmes conditions du rez-de-chaussée de la ci-devant église, existant entre lesdites chapelles et le tambour qui règne de la porte d'entrée, jusqu'à la moitié de la salle et pourra en disposer à son gré. La hauteur de ce rez-de-chaussée demeure fixée à 10 pieds.

« Ne se trouvent pas comprises dans les dispositions ci-dessus, les quatre chapelles placées au Nord de l'église et du côté de la rue du Chambon, ainsi que le rez-de-chaussée entre lesdites chapelles et ledit tambour précédemment désigné, et tout l'espace qui existe au-dessus de tout le rez-de-chaussée, dans toute la largeur de la ci-devant Eglise, et depuis le mur de face sur le perron jusqu'à la salle de spectacle. Ces objets demeurent expressément réservés à la commune et ne font point partie du traité.

ARTICLE 3

« Pendant les 14 années fixées ci-dessus; le citoyen Kloquemman ne sera tenu d'aucune rétribution ou loyer quelconque envers la commune, mais il demeure chargé de réparer et d'entretenir à ses frais et sans aucune rétribution envers elle, les couverts de la ci-devant église et celui des chapelles dont la jouissance lui est cédée.

ARTICLE 4

« Le citoyen Kloquemman s'engage de faire boucher à ses frais, et en maçonnerie, aussitôt que l'administration municipale l'exigera, l'ouverture qui existe sous le mur de refend qui sépare la pièce qui est sous le clocher d'avec l'escalier qui sert de communication entre le premier étage de la maison commune et la ci-devant sacristie. Il aura, en conséquence, la libre jouissance de la communication qui existera entre le ci-devant chœur de l'église et la plus voisine des chapelles du côté du Midi. Il s'engage également à faire à ses frais telles réparations que l'administration jugerait nécessaires pour la solidité de la salle et cela d'après un rapport d'expert préalable.

ARTICLE 5

« Tous les agencements, réparations, améliorations, embellissements, décorations quelconques que le citoyen Kloquemman pourrait faire, tant dans la salle de spectacle que dans les chapelles et autres locaux qui font partie du présent traité appartiendront à la commune en toute propriété à l'expiration des 14 années.

ARTICLE 6

« Aucune nouvelle disposition ne pourra être faite des locaux mis à la disposition du citoyen Kloquemman, sans le consentement de l'administration municipale.

ARTICLE 7

« Pendant la durée du présent traité, la salle de spectacle sera à la disposition de l'administration communale aux heures autres que celles des représentations, et cela dans le cas où elle voudra s'en servir pour y donner des fêtes nationales, y convoquer le peuple ou pour toute autre cause semblable.

« Les dégradations qui pourraient en résulter seront
à la charge de la commune, mais le citoyen Kloquemman
sera tenu de les faire constater contradictoirement dans
les trois jours pour tout délai, faute de quoi l'administration n'en sera pas responsable et ne pourra être
recherchée pour ce fait.

ARTICLE 8

« L'administration municipale se proposant d'employer la partie non occupée de la ci-devant église des
Minimes, à la construction d'une grande salle pour des
convocations et des assemblées générales, laquelle aurait
une façade avec un balcon sur le perron des Minimes
et dont l'escalier serait pris dans l'une des chapelles
réservées, elle s'engage à fournir au citoyen Kloquemman
un plan sur l'exécution duquel les parties s'entendront
ultérieurement, mais il est entendu de ce moment, que le
citoyen Kloquemman ne pourra s'opposer à aucune construction que l'administration municipale ferait faire dans
cette partie de l'Eglise.

ARTICLE 9

« Les parties déclarent que la valeur annuelle des
objets compris au présent traité est de 600 livres.

« Saint-Etienne, le 14 ventôse an VI de la République
française.

« Signé : J.-B. BONNAND, président ; SERRE,
BRUNON, SOVICHE, G. FONTVIEILLE,
suppléant du directoire exécutif ;
KLOQUEMMAN, P. DELORME et François JOURJON, maire. »

Le théâtre avait pris sous la Révolution, après la mort
de Louis XVI, un essor considérable dans toute la France
en général, et en particulier à Paris, où la création de 20

salles de spectacle n'arrivaient pas à satisfaire même pendant les jours les plus sombres de la *Terreur* la curiosité populaire.

Armeville, comme on appelait alors Saint-Etienne, suivit le mouvement et le nouveau théâtre des Minimes se ressentit de cet engouement, en se voyant envahi tous les jours de représentation par une foule heureuse d'entendre et d'applaudir des pièces patriotiques et des vaudevilles dont le développement extraordinaire datait de 1793.

Le prix des places était, du reste, à la portée des bourses plébéiennes, 30 sols les premières, 20 sols les secondes, 12 sols le parterre et 6 sols le *paradis*, qui existait tout comme de nos jours, ainsi qu'en fait foi un procès-verbal que nous aurons l'occasion de publier dans la suite.

Entre autres divertissements qui furent offerts au peuple dans cette salle, qui était ornée des deux inscriptions suivantes, écrites en grosses lettres de chaque côté de l'amphithéâtre : *Ici on s'honore du titre de citoyen, Guerre au gouvernement anglais,* citons : *Couplets sur nos armées et l'arrivée de Bonaparte,* par le citoyen Borel Vernière, couplets qui furent chantés pour la première fois sur le théâtre du Puy, et qui arrivaient jusqu'à nous grâce au directeur Kloquemman qui avait fait une saison théâtrale au Puy en l'an V de la République.

Ce dernier nous rapporta également du Puy, le répertoire qu'il avait donné en cette ville, d'abord *Guillaume Tell,* le *Jugement dernier des rois, Brutus,* tragédie de Voltaire, auxquels il ajouta : les *Châteaux en Espagne,* le *Vieux Célibataire,* de Colin d'Harleville ; l'*Intérieur d'un ménage républicain* ou la *Nourrice Républicaine.* Ce sont les seules pièces de la direction Kloquemman qui méritent d'être citées.

.Kloquemman entama avec Mme Dugazon des pourparlers qui étaient sur le point d'aboutir, quand un état de santé empêcha cette excellente actrice de venir à Saint-Etienne, comme elle l'avait promis. Et ce fut bien regrettable, surtout si elle eût apparue aux yeux de nos ancêtres, sous le costume qu'elle portait dans le rôle d'*Azémia*. En tout cas, cette intention d'engager une telle chanteuse, est une excellente note à l'actif du directeur du *Théâtre des Minimes*.

A signaler comme acteurs M. *Senelle,* premier rôle en tous genres, le *Crocq* dit *Darcourt, Lablanchère* et *Laroche.* Du côté féminin Mˡˡᵉ *Lagier,* une sémillante brune dont l'œil fripon aguicha bon nombre d'incroyables et Mᵐᵉ *Stéphanie Darcourt.*

Pendant toute la Révolution, à Saint-Etienne comme à Paris, on retrouve dans tous les rôles et costumes d'hommes et de femmes la cocarde tricolore.

« Brutus et Tartufe, disent *les de Goncourt,* Polyeucte et Zaïre, Bacchus et Mascarille arborent dans leur chevelure ou dans leur coiffure, casque ou toque, tiare ou chapeau, les rubans aux trois couleurs. Soubrettes et reines, déesses et bourgeoises s'en font un diadème. »

Nous n'aurions garde d'omettre deux représentations gratuites au peuple, l'une pour l'anniversaire *du 14 juillet* donnée le 25 messidor an X, et l'autre le 1ᵉʳ vendémiaire de la même année, pour la célébration de la *fête de la République.*

A noter également le 17 nivôse an XII, *le premier bal masqué* donné dans le théâtre des Minimes.

Ces bals avaient lieu le dimanche et jeudi de chaque semaine, et ces jours-là le *Paradis* et les secondes étaient fermés. Quand il y a soirée dansante, la municipalité exige que 3 reverbères soient placés dès 8 heures du soir jusqu'à 7 heures du matin, l'un à l'angle de la rue du Chambon et angle de la maison Mourgues, l'autre dans la même rue, vis-à-vis la maison Nicolas, et enfin, le troisième à l'angle de la maison Meyrieux, rue Saint-François.

On met également quatre hommes de garde à la porte de la salle et deux gens d'armes à l'intérieur pour veiller au maintien de l'ordre.

Les débuts des bals au théâtre sont tellement infructueux pour leurs entrepreneurs, les citoyens Longefay, Roubin, Vallable et Dupuy, que ceux-ci demandent le 21 pluviôse l'autorisation de transporter les bals publics place Chavanelle dans les bâtiments de la ci-devant cible.

Le directeur Kloquemman eut de nombreux différends avec la municipalité Révolutionnaire, et tout à ses débuts il fut sur le point d'être suspendu de ses fonctions, ainsi qu'on va en juger par ce procès-verbal :

« 8 nivôse an VI.

« L'administration municipale, informée que dans la dernière représentation, qui a eu lieu en cette commune, le 7 nivôse courant, l'orchestre s'est permis de n'exécuter *aucun air patriotique* entre les deux pièces ;

« Considérant qu'un tel oubli est une violation des arrêtés du gouvernement des institutions Républicaines, et que des magistrats ne pourraient tolérer sans être coupables ;

« Considérant que l'orchestre est souvent abandonné lorsqu'il s'agit d'exécuter les *airs chéris* des amis du Peuple ;

« Considérant qu'un des membres, a reçu un écrit anonyme, dans lequel les calomnies les plus atroces, les menaces les plus violentes sont dirigées contre lui à raison de la fermeté que met l'administration dans l'exécution des arrêtés relatifs aux spectacles, ce qui démontre évidemment la haine de certains individus pour les institutions Républicaines ;

« Vu l'arrêté du directoire exécutif du 18 nivôse an IV, portant Article 1er :

« Tous les directeurs sont tenus sous leur responsabilité individuelle, de faire jouer chaque jour, par l'orchestre, avant la levée de la toile, les airs chéris des Républicains, tels que la *Marseillaise, Ça ira, Veillons au salut de la Patrie,* le *Chant du départ ;* dans l'intervalle des deux pièces, on chantera toujours l'*hymne des Marseillais* ou quelque autre chanson patriotique,

« La Commission du directoire exécutif arrête :

« 1º L'orchestre du théâtre de cette commune se conformera ponctuellement aux dispositions ci-dessus relatées.

« 2º Elle invite de nouveau ses concitoyens à maintenir l'ordre dans le spectacle et leur annonce que, ferme dans ses principes, fortement attachée à ses devoirs, elle fera *fermer la salle,* si l'orchestre se permet de mettre en oubli la volonté du gouvernement, et si la tranquillité est troublée pendant les représentations.

       « Signé : G. FONTVIEILLE, J.-B. BONNAND,
                BRUNON et SOVICHE. »

L'effet de cet arrêté ne fut pas long à se faire sentir, et à la plus prochaine représentation toute la salle acclama l'acteur, qui vint chanter la *Marseillaise* dont le refrain fut repris en chœur par toute l'assistance.

L'enthousiasme fut si grand, que tous les chants patriotiques furent demandés, chantés et bissés.

Citons encore un autre arrêté sur la police des spectacles, pris en même temps que celui que nous venons de transcrire :

« L'administration municipale rappelle tous les
« citoyens aux devoirs qui leur ordonnent de se tenir
« découverts pendant tout le temps où les acteurs sont
« sur la scène et leur interdisent de fumer dans la salle
« de spectacle.

« Il est ordonné de ne laisser entrer au spectacle
« aucun citoyen porteur d'une canne à lance ou d'un
« gros bâton.

« Quiconque ne se conformerait pas à ce dit article,
« sera mis hors de la salle et poursuivi suivant la rigueur
« des lois.

« L'administration municipale, en saisissant avec
« empressement l'occasion de procurer un spectacle à

« ses concitoyens, à contribuer à leurs plaisirs, il est
« doux pour elle de penser qu'on ne voudra pas la
« troubler, et que, l'ordre et la tranquillité ne recevront
« aucune altération.

> « Signé : Bonnand, Serres, Chazotte,
> « Gerin, Fontvieille, Brunon, Sovi-
> « che et H. Paret. »

Comme on le voit, rien de nouveau sous le soleil. Les
arrêtés actuellement en vigueur sur la police des
spectacles ne sont que la reproduction de ceux qui régis-
saient nos pères, à la seule différence, c'est que sous la
Révolution, quiconque ne s'y conformait pas était
appréhendé, tandis que de nos jours les réglementations
et ordonnances ne sont prises que pour en permettre la
violation souvent impunie.

Les arrêtés de police sur les théâtres étaient alors
sévères. On ne donnait à une troupe l'autorisation de
jouer que lorsque cette dernière s'était engagée par écrit,
et cela de condition expresse, à n'employer que des
dénominations Républicaines, et à proscrire toutes
celles qui pouvaient rappeler le régime détesté de la
féodalité.

On devait également arborer au théâtre les couleurs
nationales, les acteurs devaient être vêtus décemment et
avoir soin de s'interdire tout costume proscrit et tendant
à un ralliement de parti.

Ils étaient, en outre, obligés de supprimer tous les
passages qui pourraient prêter à des allusions politiques.

Allez donc demander aujourd'hui chose pareille à
certains de nos directeurs de théâtres et de cafés-concerts
ou les pouvoirs publics sont vilipendés et traînés dans la
boue chaque soir !

Nous voici arrivés à *l'Empire,* et de tous côtés des
protestations s'élèvent contre la désaffectation de l'église
des Minimes. On pétitionne et on demande à la municipalité, de rendre au culte cette église.

Mais, comme on s'en souvient par le bail intervenu entre la commune et Kloquemman, ce dernier devait avoir la jouissance du théâtre élevé dans l'église jusqu'en 1812.

Comment faire pour le lui enlever... On discute, on pérore, on consulte, et on découvre dans le bail cette phrase : Il s'engage (le sieur Kloquemman) à faire à ses frais telles réparations que l'administration jugera néces-saires, pour la solidité de la salle, et cela d'après un rapport d'expert préalable.

Ces quelques lignes vont servir de base et de prétexte à une demande de la municipalité, par voie d'exploit en date du 20 juillet, au directeur Kloquemman, d'avoir à refaire, dans la *huitaine,* la toiture de l'église.

Ce dernier, effrayé devant le montant des dépenses, essaye de temporiser, de transiger; peine perdue, le maire, le 26 août 1807, prend l'arrêté suivant, approuvé qu'il était, par le gouvernement et le préfet :

« Le maire de la ville de Saint-Etienne : Vu le bail de
« la ci-devant église des Minimes passé au sieur
« Kloquemman, directeur de spectacle par la ci-devant
« administration municipale de cette ville, le 14 ventôse
« an VI, pour 14 années commencées au 1er vendémiaire
« an VI, et qui finiront du 20 au 23 septembre 1812 ;

« 2° Le rapport de l'architecte-voyer, en date du 21
« juillet, sur la situation de ces bâtiments ;

« 3° Le devis estimatif de réparations urgentes, en
« date du 23 du même mois ;

« 4° Notre arrêté du 25, portant que le sieur Kloquem-
« man sera sommé de faire procéder de suite et au plus
« tard dans la huitaine auxdites réparations ;

« 5° La signification dudit arrêté faite à son domicile
« élu le 27, par Trègue, huissier ;

« 6° Enfin, le procès-verbal dressé le 24 août courant,
« par le commissaire de police de quartier, assisté de
« l'architecte-voyer, constatant que le sieur Kloquemman
« ne s'est point conformé à l'interpellation qui lui a été

« faite et qu'il n'y a même sur les lieux aucun approvi-
« sionnement de matériaux propres aux réparations
« ordonnées ;

« Considérant que l'exécution des engagements sous-
« crits par le sieur Kloquemman est une cause de légitime
« résiliation de bail,

« Arrête: — Le bail passé au sieur Kloquemman, en
« date du 14 ventôse an VI est résilié, la ci-devant église
« des Minimes devant être rendue au culte et servir
« d'église à l'école secondaire qui va s'y établir. Tous les
« matériaux qui avaient été élevés par le sieur Kloquem-
« man, seront vendus à l'enchère jusqu'à due concurrence
« des réparations nécessitées par sa négligence !

« Signé : François FAVERJON. »

Que dire du sans-gêne du conseil municipal, qui
s'érige en juge dans une affaire où il est également partie,
et qui ne soumet pas le différend aux tribunaux, trouvant
plus simple de résoudre la question sans avoir donné le
temps à Kloquemman, de prendre une décision ?

On sent dans cette façon cavalière de procéder, que
l'Empire tient à prendre sa revanche sur la République.

Et pour notre part, nous nous contentons de signaler
la platitude et la bassesse serviles du maire François
Faverjon, qui aurait pu, avant d'en arriver à de pareilles
extrémités, essayer de concilier en même temps que le
respect que l'on doit au culte, le respect que l'on doit
également aux droits acquis en vertu de contrats et de
traités, passés de manière légitime.

Saint-Etienne est à nouveau privé de spectacle par le
fait de la municipalité rompant injustement un contrat
qui la gênait, et il faudra attendre jusqu'en 1810 pour
avoir une salle de spectacle.

THÉÂTRE DU PRÉ DE LA FOIRE

'INAUGURATION du théâtre du Pré de la Foire, qui se trouvait à l'angle actuel de la rue de la Comédie (1), et de la place du Peuple, exactement sur l'emplacement de la maison portant le n° 9 de la rue de la Comédie, et appartenant aux héritiers de M. Réocreux, M. J. Durand et Mᵐᵉ Boudoint, eut lieu en février 1811.

La salle de spectacle qui avait 288 mètres carrés, était enclavée au milieu de maisons. Rien ne la distinguait des autres constructions. Aucune décoration extérieure ne prévenait le public qu'il y avait là un théâtre.

La porte d'entrée était étroite et basse et exposée à tous les vents. Pas la plus petite marquise pour garantir contre les intempéries des saisons les spectateurs qui venaient prendre leur billet au contrôle.

Les couloirs étaient noirs et étouffés, et pour parvenir au parterre, amphithéâtre et galeries, il fallait gravir un petit escalier tortueux, froid, et aux vagues relents de cabaret.

(1) La rue de la Comédie portait sous la Révolution le nom suggestif de « rue Chacun son tour ».

3

La salle était petite, et pouvait à peine contenir 600 personnes. Il n'y avait point de foyer.

Le rideau avait environ 80 mètres carrés, et était recouvert de grossières décorations représentant des enclumes, des marteaux et des cyclopes. Cette toile dont les teintes étaient sombres, jetait un froid sur les spectateurs qui pénétraient dans la salle éclairée par des quinquets fumeux. Ce qui n'empêcha pas les Stéphanois de faire bon accueil pendant plusieurs années à ce théâtre sans issues, qui aurait pu devenir, en cas d'incendie, le tombeau de plusieurs centaines de personnes.

Le premier directeur fut M. *Constant,* qui venait de Lyon, et le premier spectacle se composa d'un vaudeville intitulé *Simon et Jeannette, ou les Ailes de l'Amour,* pièce dans laquelle Mlle *Jolibois* se fait vivement applaudir; d'un opéra en 3 actes, *Françoise de Foix* qui vaut un énorme succès à M. *Duprat,* dans le rôle de François Ier, ainsi qu'à M. *Dupuis* et à Mmes *Castelli* et *Duprat Selmers.* On termine par un ballet intitulé *le Volage fixé,* qui met le comble à l'enthousiasme. Toute la troupe fut chaudement acclamée, et le théâtre du *Pré de la Foire* débutait sous d'heureux auspices.

De février à avril le spectacle qui est le plus en faveur à Saint-Etienne se compose des pièces suivantes : *La Rosière, le Valet des deux Maîtres, Trente et Quarante, Zémire et Azor, Adolphe et Clara, l'Amant jaloux, Fanchon la Vieilleuse.*

Chaque jour provoque dans le public stéphanois un engouement de plus en plus grand; aussi le départ de la troupe Constant pour Montbrison est-il salué par d'unanimes regrets.

Après une assez longue absence, la troupe *Constant* nous revient au début de 1812 et donne l'*Amour filial,* ou *la Jambe de Bois, le Tableau parlant, l'Esclave persane, l'Ami de la maison, le Jugement de Midas,* et termine ses représentations avant de regagner Lyon par *le Marquis de Tulipano* et *Joseph en Egypte.*

Un amoureux de l'étoile de la troupe, la blonde et

éthérée Mlle Jolibois, lui adresse ces quelques vers qu'il
jette sur la scène, vers dont le public demande la communication et que Mlle Jolibois, sans se faire prier
se met à lire aux grands applaudissements de la salle
entière :

> Vous allez sans regret, peut-être avec plaisir,
>   Au moins avec indifférence,
> Dans un climat nouveau porter votre existence,
>   Et moi je vois s'évanouir
> Mon bonheur le plus cher, ma plus douce espérance.
>   De vous voir et de vous aimer
>   J'avais déjà pris l'habitude,
> En vous perdant mon cœur qui semblait s'animer
>   Va retrouver sa solitude.
>   J'ai le droit de me plaindre tout haut
> De notre liaison que le hasard fit naître.
>   Puisqu'il faut vous perdre sitôt,
>   Fallait-il si tard vous connaître ?

En 1812, une troupe venant de Montbrison prend
possession de notre scène le 22 août, sous la direction
de *M. Marsy*.

Cette troupe ne le cède en rien comme valeur à la
troupe lyrique de *M. Constant* d'agréable mémoire.

On passe de joyeuses soirées à entendre *le Médecin
malgré lui*, *le Billet de logement*, *le Jugement de Salomon*,
le Pèlerin Blanc, *les Jeux de l'amour et du hasard*, *la
Veuve de Malabar*, *l'Amant auteur et valet*, *le Festin de
Pierre*, de Molière ; *les Plaideurs*, de Racine ; *les Femmes
soldats*, *M. et Mme Denis* et *la Jeunesse d'Henri V* qui
clôture la saison théâtrale en novembre 1812.

Comme acteurs à signaler, les noms de MM. Berty,
René Roche, Mme Saint-Arnaud, et la toute gracieuse
Mme Lacroix qui s'était attirée toutes les sympathies
qui ne firent que s'accroître le jour des adieux quand,
s'avançant sur la scène, elle chanta d'une voix émue
trois couplets adressés au public et contenant les remerciements de la troupe.

Ces couplets furent couverts de nombreux applaudissements, surtout le dernier qui finissait par ces deux
vers :

> Guidés par la reconnaissance,
> Nous y reviendrons toujours.

L'unanimité des bravos prouva à la troupe qu'on
désirerait vivement la revoir.

En août 1813, M. *Garcin* prend la direction du théâtre
avec une troupe lyrique et dramatique fort bien composée. Il faut mentionner le talent de Mlle Garcin, la fille
du directeur ; de Mme Kubly qui fit longtemps les délices
de la scène lyonnaise, et de M. Bouvaret père.

Au programme figurent : *L'Epreuve Villageoise*, opéra-
comique plein d'esprit et de charme ; *Haine aux femmes*
et *le Chaudronnier de Saint-Flour*, vaudeville ; *le Trésor
supposé, ou le danger d'écouter aux portes*, ouf!!! opéra-
comique de MM. Hoffman et Méhul.

M. Garcin, qui dirige la musique, a trouvé dans les
amateurs de notre ville de bons éléments pour composer
un orchestre.

On continue par *Jean de Passy, les Plaisirs nocturnes*,
le *Traité nul*, opéra-comique ; *Paul et Virginie, Adolphe
et Clara*, pièce dans laquelle Mme Kubly sait retrouver
tous ses succès d'antan.

En 1813, passage sur notre théâtre des nommés
Blondin et *Agazzi*, directeurs d'un théâtre de singes et
chiens savants. Ces deux barnums remportèrent ici,
comme à Lyon, d'où ils venaient, un formidable succès.

Le fond du théâtre représentait une citadelle défendue
par les singes que les chiens, après plusieurs escalades,
prenaient d'assaut au bruit de leurs aboiements et des
applaudissements du public.

Mlle Blondin, une charmante danseuse de corde
recueillit des bravos mérités, et le spectacle se termine
par un ballet intitulé : *Arlequin dans l'île d'Otaïti*, qui fut
dansé sur des *échasses fort élevées* par toute la troupe.

A M. Garcin succède *M. Martin,* qui amène à Saint-Etienne une troupe de comédie en février 1814.

Il nous donne les *Auvergnats, la Femme jalouse, le Mariage de Figaro, Avis aux Mères, le Tambourineur de Gonesse, l'Habitant de la Guadeloupe.*

La direction Martin n'a de remarquable à son actif que l'engagement qu'elle conclut avec *Leclerc,* du Théâtre Français, qui parut dans *Andromaque, Zaïre, Artaxercès, Adélaïde du Guesclin.*

Ces pièces fournissent à cet acteur l'occasion de déployer ses talents tragiques sur notre scène.

De fréquents applaudissements accueillent M. Leclerc, et ils redoublent après la représentation d'*Andromaque,* lorsqu'il vient sur la scène se rendre aux acclamations du public empressé de lui témoigner son contentement. Il est admirablement secondé par *M*ᴵˡᵉ *Villaume.*

Malheureusement le zèle de M. Martin n'est pas de longue durée, et un beau soir il décampe de notre ville, oublieux du règlement de ses comédiens.

Pendant plus d'une année la scène du théâtre du Pré de la Foire reste muette au grand mécontentement des Stéphanois qui finissent par s'émouvoir et par pétitionner ainsi que l'indique la pièce suivante :

« 6 décembre 1816.

« Le Maire de la ville de Saint-Etienne,

« Vu la pétition adressée à son Excellence M. le Ministre de l'intérieur par un grand nombre de citoyens des plus notables de cette ville, prie instamment Son Excellence de considérer que dans toutes les villes populeuses le spectacle est devenu un besoin pour les citoyens pour lesquels il forme à la fois un délassement de leurs travaux journaliers et une récréation instructive;

« Que dans les villes manufacturières comme celle de Saint-Etienne, la fréquentation du spectacle par les artisans et chefs d'ateliers, a le double avantage de borner leurs dépenses à une somme très modique et de les éloigner des cabarets et des lieux de débauche, où l'ivresse les entraîne souvent à beaucoup d'excès aussi funestes à leurs familles que préjudiciables aux travaux des manufactures ;

« Que l'importance de cette ville la plaçant sous le rapport de spectacle au moins à l'égale de Clermont, ses habitants sont bien fondés à se plaindre d'en être privés précisément pendant toute la *rigoureuse* (1) où une troupe peut occuper la salle avec autant d'avantages pour elle que d'agrément pour les habitants ;

« Qu'au surplus la seconde troupe de l'arrondissement théâtral uniquement composée des artistes les plus médiocres et d'ailleurs tout à fait incomplète, ne peut desservir le théâtre de la ville de Saint-Etienne ;

« Que déjà dans le courant de cette année le régisseur de cette troupe ayant laissé cette ville sans spectacle pendant un long espace de temps, le soussigné s'est vu forcé de lui interdire l'ouverture du théâtre pour prévenir les suites de l'indisposition manifeste du public contre ce régisseur.

« En conséquence, le soussigné joint ses instances à celles des pétitionnaires, pour engager Son Excellence à vouloir bien accorder la direction du théâtre de Saint-Etienne au sieur *Réocreux,* propriétaire de la salle, pour lequel un tel acte de justice sera un dédommagement des nombreux sacrifices qu'il a fait pour la construire.

« Le soussigné prie également Son Excellence de vouloir bien provisoirement et jusqu'à l'expiration des privilèges des sieurs Martin et Garcin, autoriser ledit sieur Réocreux à appeler, sous le consentement des autorités locales, une troupe ambulante susceptible d'occuper la salle à la satisfaction du public, sauf à la remettre à la disposition de la troupe du sieur Martin, si elle se présente de nouveau pour l'occuper, et de vouloir bien considérer que cette mesure ne sera nullement

(1) Lisez Hiver.

nuisible aux intérêts de ce dernier, attendu que le goût du spectacle se forme et s'entretient par l'habitude de le fréquenter.

« Antoine PASCAL, maire. »

En 1817, ce fut donc M. *Réocreux,* le propriétaire du théâtre, qui fut nommé directeur de cette salle de spectacle qui fut construite en 1809 par une société par actions dont M. *Réocreux* avait la majeure partie.

M. *Réocreux* réalisa pendant son année de début de jolis bénéfices malgré l'infériorité marquée de sa troupe de comédie.

L'Ivrogne corrigé ou *Un Tour de carnaval,* de Borde, pièce dans laquelle l'action évoluait à Montbrison au milieu de personnages sur lesquels chaque spectateur mettait un nom, obtint un prodigieux succès. En voici le résumé :

L'ivrogne que l'on veut corriger est un médecin de Montbrison, qui n'a d'autres défauts que celui de s'enivrer souvent. Sa famille et ses amis cherchent par toutes sortes de mystifications à le faire renoncer à sa conduite malgré le proverbe : *qui a bu boira.*

On lui persuade d'abord qu'il a assommé Claudin, son fidèle domestique. Pendant qu'il est au café en train de boire, on maquille toutes les maisons qui avoisinent la sienne, de sorte qu'à son retour il ne reconnaît plus rien. Il va frapper à la porte de ses voisins, et tout le monde se moque de lui !

Pendant son sommeil, dans une salle figurant un tribunal, on l'accuse d'avoir tué un de ses confrères, on le condamne à mort, et il tombe évanoui dans les bras de sa femme.

Pour dernière épreuve, quand il revient à lui, on lui persuade qu'il a consenti la veille au mariage de sa fille et que tout est prêt. Le médecin accède à tout et promet de ne plus boire.

Il ne faut pas oublier les soirées amusantes données

au théâtre du Pré de la Foire par le prestidigitateur
Chalon marchant sur les traces de Comus, de Pinetti, et
produisant comme ces derniers des illusions magiques,
oh combien agréables !

Après M. Réocreux, le préfet de la Loire nomma pour
trois ans *M. Modeste,* directeur d'une troupe spéciale
sédentaire pour notre département.

Son privilège commençait le 17 décembre 1817 pour
finir en 1820.

Mais les succès furent loin d'encourager les débuts de
la troupe, et le directeur, après avoir donné quelques
représentations assez espacées pendant l'année 1818 et
les premiers mois de 1819, quitta Saint-Etienne sans
laisser d'adresse.

Le 24 novembre 1820, le brevet de directeur fut
accordé pour une période de cinq années à *M. Saint-
Romain.*

D'après l'arrêté préfectoral, ce dernier devait entretenir dans le département de la Loire une troupe qui
devait jouer à Saint-Etienne depuis l'ouverture théâtrale
jusqu'au 15 juin, à Montbrison du 15 juin au 15 juillet, à
Roanne du 15 juillet au 15 septembre, à Montbrison du
15 septembre au 1er décembre, et à Saint-Etienne du 1er
décembre jusqu'à la fin de l'année théâtrale.

La troupe devait être composée de façon à pouvoir
jouer tous les genres, à l'exception du *mélodrame* dont les
représentations étaient interdites.

Toutefois la comédie et l'opéra devaient alterner.

Saint-Romain ne fut pas un directeur à la hauteur de
sa tâche; aussi faut-il attendre l'année 1825, pour avoir à
Saint-Etienne une troupe et des artistes dont on pourra
parler avec satisfaction et plaisir.

Du reste, la période de 1825 à 1840, est sans contredit
la plus brillante dans les annales de notre scène stéphanoise.

Pendant ce laps de temps les étoiles les plus brillantes
du ciel théâtral Français font resplendir de leur talent la
modeste salle du théâtre du « Pré de la Foire » :

Mlle *Georges, Ligier, Duchesnois, Rachel, Déjazet;*
Mme *Dorval, M*^e *Volnys* (Léontine Fay), *Alexandre,*
le baryton *Martin,* d'origine stéphanoise, *Jenny Albert,*
Vertpré, Camoin, Leppel, M. et Mme *Lagardère,* etc., etc.

La première troupe digne vraiment de ce nom est
celle qui, sous la direction de M. d'Harmeville, donne, du
27 octobre 1825 jusqu'au 26 avril de l'année suivante, une
série de représentations qui font époque.

Mme *Marigny,* la troublante prima dona s'attire de
nombreux succès, notamment dans *Calixte* ou *la Belle*
Pénitente, tragédie en 5 actes et en vers de Colardeau, la
Veuve du Soldat, vaudeville du théâtre de Mme la duchesse
de Berry, Montoni et Orsino, 30 octobre, *Caroline et*
Storm ou *Frédéric digne d'un trône,* drame héroïque en
3 actes, *Fondé de pouvoirs, Nicolas Remi* et surtout dans
une superbe représentation en date du 7 novembre,
composée de *Tartufe,* de Molière, des *Maris jaloux* et du
Gastronome sans argent.

Le vendredi 4 novembre, les artistes célèbrent la fête
de Charles X, en jouant une pièce locale se passant au
Treuil, et dont voici le naïf canevas.

Quelques ouvriers se sont réunis pour fêter la Saint-
Charles. Au milieu d'eux se trouvent le fils d'un chef
d'atelier épris de sa cousine qu'il veut épouser, et un
tambour qui s'est retiré tout jeune du service, et qui
courtise également la fille d'un ancien perruquier, comme
un soldat accoutumé à *grimper* à l'assaut; ce sont les
expressions de l'auteur.

Ces jeunes gens espèrent qu'un si beau jour verra leur
union s'accomplir et, en effet, leurs parents informés de
leur amour, consentent à les marier.

La Saint-Charles leur a porté bonheur.

Malgré l'insignifiance extrême de cette pièce, elle
récolte des bravos enthousiastes. On réclame avec
insistance l'auteur M. Colomb, qui se présente sur la
scène juste au moment où le garçon chargé de l'éclairage
éteint les lumières. Son nom et celui de Mme *Marigny*
sont proclamés dans les ténèbres.

Pendant cette représentation, un groupe de jeunes gens à l'allure débraillée et moqueuse fait irruption dans les loges, se livre à des invectives d'un goût douteux, et ne cesse d'apostropher les acteurs. Ce scandale vaut un rapport circonstancié du chef de la police au maire de la ville, qui prend, à la date du 14 novembre 1825, un arrêté aux termes duquel l'entrée des premières loges était interdite à tout homme vêtu différemment qu'avec *un habil* ou *une lévile*.

Le mois de novembre et de décembre donnent naissance aux pièces suivantes :

Minuil ou *la révélation*, drame en 3 actes, *l'Enfant trouvé*, comédie, *le Petil dragon*, vaudeville, *la Somnambule, Malin et soir, les Perroquets de la mère Philippe, le Fruit défendu, Victor* ou *l'Enfant de la forêt*, mélodrame, *Rico* ou *le mariage par hasard, la Pièce en perce, Guslave le Napolilain* ou *l'Enfant du crime, les Mauvaises lêles.*

Chaque représentation amène au programme une pièce nouvelle; aussi, fructueuses sont les recettes pour la direction.

Ce fut à M. d'Harmeville que revint l'idée première de faire mousser les représentations théâtrales par l'attrait et l'appât d'une *affiche coloriée* et de dimension extraordinaire.

Malgré tous nos soins à en découvrir un spécimen qui serait du plus grand intérêt pour l'art et les collectionneurs, il nous a été impossible d'en trouver un exemplaire.

M. d'Harmeville est un directeur qui ne craint pas de surmener ses collaborateurs. Il donne toujours et sans cesse des pièces nouvelles.

A noter pendant janvier 1826, *le Maréchal de Luxembourg, la Prise de Milan, la Fille mal gardée, le Coq du village*, vaudeville qui attire de nombreux sifflets à l'occasion de mots d'une trop grande liberté; *France et Savoie, les Deux Turenne, la Famille du porteur d'eau, l'Ecole des Vieillards, l'Amour et la Guerre, la Citadelle de Prague, la Vallée du torrent, le Paysan Picard,*

Pierrot ou *le Diamant perdu, Coriolan,* tragédie en 5 actes, *les Etrennes, les Voleurs* ou *l'auberge des Adrets, le Mariage à la Hussarde, le Réveil du Charbonnier, la Mort du général Kléber* ou *les Français en Egypte, le Roi et le paysan* ou *le Baril d'olives !*

La muse du mélodrame fait fureur parmi nous et le théâtre est chaque soir pris d'assaut.

On continue par *le Soldat Prussien* ou *Mimi Fluet,* fait historique en 3 actes, *l'Officier et la Fermière, Tréville et Taconnet,* vaudevilles, *la Tête de bronze,* mélodrame, *Partie carrée, le Tribunal invisible* ou *les Francs Juges* ou *les Temps de barbarie, Stanislas, les Maris sans femme, le Pont de Logrono* suivi *du Trocadéro,* fait historique en 3 actes ; *Léonidas,* tragédie de M. Pichat, *les Vêpres Siciliennes* de C. Delavigne ; 6 février 1826, la *Princesse des Ursins* et *l'Actrice en voyage.*

M. d'Harmeville a juré d'étonner les Stéphanois, dont il a capté la sympathie et sa devise nous paraît la suivante : « Il nous faut du nouveau, n'en fut-il plus au monde ».

La nouveauté n'est-elle pas, en effet, le talisman qui ramène au théâtre le public qu'en éloigne souvent l'assommante monotonie ?

Le talent lui-même n'est-il pas une nouveauté ? C'est ainsi que les grands comédiens et tragédiens de Paris et de Lyon exercent sur le public stéphanois une impression intense, et sont accueillis avec un empressement toujours plus vif et une curiosité toujours impatiente.

Aussi s'explique-t-on facilement le succès que remporte Leppel, premier comique du théâtre des Célestins, à Lyon, qui paraît avec brio et entrain, dans les rôles de Beausoleil du joli vaudeville de *la Vieille de seize ans,* du conscrit, du cuisinier, dans *le Secrétaire et le cuisinier,* de Rigaudin, dans la *Maison en loterie* et dans *Fanfan la Tulipe,* ou Leppel se taille un triomphe à la hauteur de sa réputation.

L'acteur Saint-Albin remplace Leppel et joue avec beaucoup d'art et un jeu très animé *le Gastronome sans argent* et *Jean Jean* qui lui vaut des applaudissements aussi nombreux que mérités.

Cet acteur possède, au suprême degré, l'art de se vieillir, et quand il est en scène, tout dénote chez lui un état émouvant de décrépitude, tant dans son physique, que dans ses gestes et sa voix.

Mais voici le clou de la direction d'Harmeville, qui a tenu sa promesse et qui révolutionne Saint-Etienne par l'engagement de la belle *Mlle Georges*, de cette actrice qui avec Talma à Erfurt avait joué sur l'ordre de Napoléon devant un parterre de rois.

Mlle Georges paraît sur notre scène le 20 mars 1826 et donne *Jeanne d'Arc* de Soumet, et continue la série de ses représentations par *Sémiramis,* l'un de ses meilleurs rôles et par *Mérope.*

Elle se produisit également dans les rôles de *Frédégonde,* dans la tragédie de *Macbeth* et dans *Léonidas.*

Après chaque représentation, après la chute du rideau, la salle toute entière vibrante d'enthousiasme réclame *Mlle Georges* qui est saluée par des bravos frénétiques.

M. Adolphe, élève de Talma, seconde *Mlle Georges* et la troupe d'Harmeville leur donne la réplique non sans succès.

Qu'on nous permette, au sujet de cette grande actrice, quelques mots de biographie et une anecdote qui prouve qu'elle fut, grâce à sa beauté, à ses bras et surtout à ses merveilleuses épaules, qu'elle aimait, du reste, à produire en public, une des femmes les plus adulées de son époque.

Bonaparte eut du goût pour cette superbe créature qu'il fit mander certain jour, en lui disant, en quelques lignes assez sèches, qu'il l'attendait à Saint-Cloud.

L'invitation était brusque, mais tout à fait dans les manières du premier consul, qui était l'homme de Rivoli, d'Arcole et de Marengo.

Et Alexandre Dumas ajoutait : Bonaparte pouvait bien dire à Hermione de venir le trouver à Saint-Cloud, quand Antoine avait invité Cléopâtre à venir à Rome. Certes,

non moins belle que cette enchanteresse, elle aurait pu
descendre la Seine sur une galère dorée, comme l'autre
remonta le Cydnus, mais c'eut été bien long, et le premier
Consul était pressé de faire ses compliments. Hermione
entrait à Saint-Cloud à minuit et demi, et en sortait au
petit jour.

Elle en repartait victorieuse comme Cléopâtre, elle
avait tenu le *Maître du monde* à ses genoux.

Mlle Georges était âgée de quarante ans quand elle
vint à Saint-Etienne.

C'est sur le théâtre d'Amiens que débuta, à 14 ans
Mlle Georges, dans *les Deux petits Savoyards,* et elle entra
à la Comédie-Française le 8 frimaire an XI, en jouant le
rôle de Clytemnestre, d'*Iphigénie.*

Son apparition fut un véritable évènement. On se
porta en foule au Théâtre-Français pour admirer sa
majestueuse beauté et son admirable talent qui passionna
au plus haut point l'enthousiasme des Parisiens.

En même temps et sur ce même théâtre, dit Larousse,
il y avait une femme qui régnait dans la tragédie. Une
lutte s'établit entre *Mlle Georges* et *Mlle Duchesnois,* et le
public se partagea en deux camps.

La salle du Théâtre-Français devint une arène où furent
livrés de vrais combats. Les amis de *Mlle Georges,* la
poussèrent à se montrer dans les rôles de sa rivale et
même dans celui de Phèdre, où celle-ci excellait.

La presse elle-même s'occupa de la question. Certains
journaux tenaient pour *Mlle Georges,* d'autres pour
Mlle Duchesnois, et des caricatures furent publiées qui
eurent parfois le mauvais goût de s'en prendre, en les
exagérant, aux défauts physiques de cette dernière, qui
n'avait pour se défendre que son talent et qui eut été cer-
tainement forcée de s'effacer devant la beauté imposante
de *Mlle Georges.*

Il fallut pour mettre fin à ces rivalités, que M. Chaptal,
alors ministre de l'instruction publique, fit admettre les
deux actrices comme sociétaires avec des attributions
parfaitement définies dans la troupe du Théâtre-Français.

Mlle Georges fut inimitable dans le rôle de *Sémiramis,* rôle quelle joua à Saint-Etienne, et dont se souviennent non sans quelque émotion, deux Stéphanois aujourd'hui octogénaires. Ce rôle convenait admirablement à sa royale prestance.

Elle se surpassa, si c'est possible dans *Mérope,* qu'elle interpréta également dans notre ville.

Elle joua également les grands rôles de reine de tragédie classique et créa les principaux caractères dans *la Maréchale d'Ancre, Catherine de Médicis, Une Fête de Néron.*

Elle fut surtout l'interprète remarquable et hors ligne des rôles modernes : *Lucrèce Borgia, Marie Tudor, la Tour de Nesle, le Manoir de Montlouvier.*

Jamais carrière théâtrale ne fut mieux remplie que celle de *Mlle Georges,* comme l'écrivait en 1849 Théophile Gautier. Douée d'une beauté qui semble appartenir à une race disparue, *Mlle Georges* a rendu des services égaux aux deux écoles ; personne n'a mieux joué le drame. Les classiques et les romantiques la réclament exclusivement.

Quelle Clytemnestre !·s'écrient les uns, quelle Lucrèce Borgia ! s'écrient les autres.

Par la pureté sculpturale de ses lignes, par cette majesté naturelle qui l'a sacrée *Reine du Théâtre,* à l'âge des ingénues ; par cet imposant aspect dont la Melpomène de Velettri donne l'idée, elle était la plus complète réalisation du rêve de la Muse tragique, comme par sa voix sonore et profonde, son air impérieux, son geste naturel et fier elle eut paru à Shakspeare l'héroïne formée exprès pour ses vastes drames.

De longtemps on ne verra une pareille Agrippine, une semblable Clytemnestre; Lucrèce Borgia, Marie Tudor ne trouveront une interprète de cette force. Le souvenir de *Mlle Georges* se mêlera toujours à ces deux formidables rôles.

Elle se retira du théâtre en 1860 dans un état voisin de la misère. *Mlle Georges,* qui avait remué autrefois de ses belles mains prodigues, tant de diamants et de bijoux, n'avait rien gardé pour ses dernières années. Quelques minutes avant de mourir, elle dit à ceux qui la veillaient : « Je veux que l'on m'enterre avec une robe de soie noire et mon manteau de Rodogune. »

Son dernier vœu fut exaucé.

Voilà l'actrice divine, la beauté enchanteresse, que nos pères ont entendue et contemplée dans leur maussade et petit théâtre du *Pré de la Foire.*

Mais rétractons vite nos paroles, la salle de comédie du *Pré de la Foire* n'aurait vu passer sur sa scène que *M*ⁱˡᵉ *Georges,* que cela eut suffi pour la rendre à jamais illustre.

Combien de théâtres construits de nos jours avec le luxe et l'élégance qui distinguent notre fin de siècle, peuvent se vanter d'avoir vibré sous les sons d'une voix aussi harmonieuse, et se flatter d'avoir admiré une aussi belle merveille.

La salle retentissait encore des applaudissements donnés à *M*ⁱˡᵉ *Georges,* que M. et *M*ᵐᵉ *Lagardère,* du Théâtre-Français viennent occuper notre théâtre, où ils donnent en quatre représentations, à partir du 27 mars 1826, *Adélaïde Duguesclin, les Trois Sultanes, Abufar, Marie Stuart, la Belle Fermière, Zaïre, les Secrets du Ménage, le Siège de Paris* et *le Roman d'une heure,* pièce qui clôtura la saison théâtrale le 10 avril 1826.

Cette succession d'artistes est une bonne fortune pour notre cité qui ne sut pas en profiter. Malgré tout le talent de ce couple fameux, il n'obtint pas à Saint-Etienne le succès et l'accueil sur lesquels il était en droit de compter.

Et pourtant dans la charmante comédie *les Trois Sultanes,* Mᵐᵉ Lagardère fut vraiment la sultane favorite rêvée, et quelques Stéphanois séduits par ses grands yeux de velours noir furent sur le point de lui lancer le mouchoir.

Le 3 juin 1826, *M. d'Harmeville* nous revient avec une troupe nouvelle d'opéra-comique et de comédie. Depuis longtemps on n'avait eu un tel ensemble satisfaisant. Le directeur lui-même jouait la comédie en artiste consommé et il était surtout remarquable dans le *Chevalier d'Industrie,* rôle qui semblait avoir été créé pour lui.

Quant à la belle *Mme Desvignes,* jamais chanteuse de sa force n'avait fait retentir les échos du théâtre Stéphanois. Elle apparaissait superbe dans Rosine, du *Barbier de Séville,* dans Mme de Melval, *des Voitures versées,* Clorinde, de *Cendrillon,* Aline, *Reine de Golconde* et dans *Robin des Bois.*

A mentionner *Françoise de Foix* ou *le Jaloux désabusé,* opéra en 3 actes, *les Deux Jaloux, le Petit Matelot, le Célibataire et l'Homme marié,* comédie en 3 actes, de Fulgence ; puis la *Dame Blanche,* le 10 juillet, avec *Ellevion* aîné.

Le 22 juillet M. *d'Harmeville* quitta Saint-Etienne en emmenant *Mme Desvignes* l'artiste tant aimée de nos aïeux qui pendant la série de ses représentations, ne lui avaient ménagé ni leurs applaudissements ni leurs suffrages.

Cette actrice ne laissa en partant que des regrets unanimes, et l'on fit des vœux qui ne furent pas exaucés, pour que M. d'Harmeville revînt à Saint-Etienne avec sa pensionnaire.

Entre temps, le 1er novembre 1826, M. *Hippolyte Roland,* Mlle *Faivre* et M. *Auguste,* premiers sujets du Théâtre des Célestins donnent une copieuse séance composée de *la Belle Allemande* ou *le Grenadier de Frédéric-Guillaume, les Mémoires d'un Colonel* ou *le Mentor de la Jeunesse, le Vieux garçon et la Petite fille ;* enfin, le *Confident* ou *le Conseiller des Dames,* au total 10 actes. Les noms de ces acteurs attirent une nombreuse chambrée.

Le lendemain, M. *Saint-Ernest,* élève de Talma, qui a joué deux fois à Lyon au bénéfice des ouvriers sans travail et avec un grand succès, paraît sur notre théâtre avec la troupe de Mme *Dufrenoy.*

Le 25 novembre a lieu la réouverture de notre salle de comédie avec M. *Baudoin* comme directeur, et comme artistes principaux : *M. Louis*, comique ; *Mlle Clara*, une jeune et jolie soubrette ; *Mlle Virginie*, *Mme Sté-phanie* et *Henriette Baudoin*, âgée de 9 ans et fille du directeur.

Successivement paraissent sur l'affiche les pièces suivantes : *la Chatte merveilleuse* ou *la Petite Cendrillon*, *Stanislas et Poleska*, *l'Ancien Mineur* ou *l'Aveugle de Montmorency*, *le Secret découvert*, *le Bureau de loterie*, *la Caisse d'Epargne*, *l'Enfant du Mystère* ou *le Mari ermite*, comédie du Théâtre-Français.

La troupe est bonne et fait passer quelques soirées agréables aux amis de l'art dramatique.

Le 20 janvier 1827, *M. Hippolyte Roland* des Célestins, vient à nouveau donner deux représentations. *M. Roland* qui est un acteur très agréable à entendre, a une voix peu étendue, mais qu'il mène avec beaucoup de goût. Sur la scène sa tenue est irréprochable et dans certains rôles il prend le ton de la bonne comédie, notamment dans les *Deux Philibert*, *Simple histoire*, *Sans tambour ni trom-pette*, et *l'Homme de 60 ans*.

La troupe de *M. Baudoin* nous fait connaître successive-vement, à partir du 25 janvier : *Alixe et Blanche* ou *les deux illustres Rivales*, *les Epaulettes du grenadier*, précédé du *Conscrit* ou *le Remplaçant*, *Ali-Baba* ou *les Quarante voleurs*, *Fitz Henri*, drame en 3 actes, *Bertrand et Suzette*, vaudeville.

Le 11 février 1827 après la représentation de ces deux dernières pièces, on donne un bal paré et masqué. C'est le *premier* qui a eu lieu sur le Théâtre du Pré de la Foire ; aussi grandiose fut le succès.

Muscadins et pierrettes, marquises et paysans, incroyables et merveilleuses, charlatans et magiciennes semblent vouloir rattraper le temps perdu. Un vent de folie souffle en tempête sur la salle surchauffée, et chacun semble s'enivrer et se défier dans le tournoiement de danses aussi délirantes qu'échevelées.

Puis se succèdent, le *Faux Monnayeur* ou *la Nuit de Noces*, drame historique en 3 actes, *les Tailleurs* ou *le*

Début, la Veuve de quinze ans ou *le Retour du Mari,* opéra-vaudeville en 2 actes, *la Mansarde des Artistes.*

A signaler la venue de M. *Prudent,* artiste lyonnais qui se fait applaudir dans *la Somnambule, Blaise* et enfin dans *Bertrand et Suzette* qui clôture la saison.

Retour pour peu de temps, de M. *d'Harmeville,* le 2 septembre 1827, avec la provocante Mme *Bouché* qui remplace et égale presque la sympathique Mme *Desvignes,* MM. *Abadie, Le Febvre, Saint-Albin, Michaut,* Mlle *d'Harmeville* et Mme *Sirecourt* qui obtint de grands succès d'actrice et de femme coquette, grâce au fameux peigne « *A la Girafe* » et aux *manches à gigot* quelle exhibe triomphalement aux yeux étonnés des spectatrices.

On voit défiler successivement, et non sans éclat, *les Empiriques, le Bal champêtre,* vaudeville ; *la Joconde,* opéra en 3 actes.

Brillant succès pour *le Mariage à la hussarde,* où l'acteur *Le Febvre* se taille un beau triomphe, ainsi que dans *un Concert à la Cour,* et dans *Maison à vendre,* cette pièce qui valut à *Carle Vernet* un de ses plus jolis mots, témoin l'anecdote suivante :

A la première représentation de *Maison à vendre* qui eut lieu à Paris, M. *Vernet* se trouvait à côté d'*Alexandre Dumas* dans une loge d'avant-scène, en compagnie de quelques amis.

Chacun flattait l'auteur du succès de sa pièce, seul *Carle Vernet* ne disait rien.

— Est-ce que vous n'êtes pas content, lui dit un des assistants que le silence de *Vernet* étonnait :

— Non, répondit ce dernier, M. Duval a trompé le public, il avait annoncé *Une Maison à vendre,* et je ne trouve *qu'une pièce à louer.*

Pendant cette saison théâtrale qui possède encore à son actif les opéras suivants : *le Rendez-vous bourgeois, le Calife de Bagdad* et *l'Agiotage,* comédie de M. *Picard,* le théâtre est trop petit pour recevoir tous les spectateurs qui l'assiègent.

Le 30 octobre 1827 figure au programme *Victor Ducange*, pièce en trois journées, interprétée fort habilement par M. *et* Mme *Adam*, des Célestins.

Le 8 novembre, soirée d'adieux par la troupe qui s'en va à Clermont, et qui joue à la satisfaction générale *l'Ours et le Pacha*.

Le 21 décembre 1827, M. *Saint-Amand* succède comme directeur à M. *d'Harmeville;* sa troupe est bien inférieure à la précédente et soulève dès ses débuts de vives oppositions. Les amateurs Stéphanois se sont partagés en deux factions opposées. Et pourtant, M. *Léon* comme comédien, Mlle *Alphonsine* comme premier rôle, ne sont pas sans mérite.

Nous devons signaler comme pièces : *Douvre et Calais, la Famille des Innocents, la Femme du Sous-Préfet, Frontin mari garçon*, 1re *Affaire, Tartuffe, les Ensorcelés* ou *les Amants ignorants, la Pie voleuse*, mélodrame en 3 actes, *l'Ambition au Village, Pied de mouton*, mélodrame en 3 actes, représenté le 7 mars 1828.

M. Saint-Amand nous quitte le 27 mars 1828 en donnant au profit des indigents une représentation composée de *l'Ecole des Vieillards* et de *Valérie*.

C'est sans regret que la population stéphanoise voit disparaître cette troupe qui fut surtout remarquable par la longueur de ses entr'actes dont certains atteignaient trois quarts d'heure.

En 1828, l'exiguïté de la salle de spectacle n'étant plus en rapport avec le chiffre toujours croissant de la population, souleva d'unanimes protestations dans toutes les classes de la société.

La municipalité, pour calmer l'agitation de ses administrés, fit lancer par un journal de l'époque, *Le Mercure Ségusien*, un ballon d'essai.

Dans l'article qui parut sous la signature G. R., il était dit que la Ville allait étudier une combinaison pour faire construire sur la place des travaux, en face de l'Hôtel-de-Ville, un théâtre qui devait former un avant-corps demi-circulaire formant rotonde utilisée pour la scène et dont l'extérieur serait entouré de portiques couverts qui serviraient de promenoirs et d'abri à des boutiques.

Cet article souleva de si vives récriminations de la part de certains intérêts qui se prétendaient lésés, que la municipalité se crut autorisée à abandonner son projet.

De telle sorte qu'il faudra attendre quelque vingt ans encore pour que la question revienne sur le tapis.

Le 15 mai 1828, apparition de la danse sur notre théâtre avec Mme *Genelly*, première danseuse de Naples et de Rome. La danse, dit un chroniqueur de l'époque, était une innovation qui aura peut-être scandalisé quelques personnes timorées ou toujours prêtes à le paraître. Pourquoi ne danserait-on pas à Saint-Etienne, puisqu'on danse dans la capitale du monde chrétien?

L'argument était sans réplique ; aussi Mme *Genelly*, qui dansa plusieurs scènes de sa composition, s'attira notamment par le *Pas du Schall* de chaleureux applaudissements. Et ce ne fut que justice, car on ne pouvait se lasser d'admirer sa grâce mutine, ses formes impeccables et son sourire charmeur.

De tout temps les Stéphanois ont adoré la danse ; aussi la salle fut-elle trop petite pour contenir tous les spectateurs, plus de trois cents entrées furent refusées au contrôle.

Après la danse, c'est l'acrobatie qui vient s'ébattre sur notre scène avec la famille *Cabanel*.

Mlle *Cabanel* qui exécute le *Pas Anacréontique* sur deux cordes parallèles, est l'objet de bravos enthousiastes. Cette jeune fille était une des plus intéressantes funambules de l'époque.

Elle surpassait Mme *Saqui*, ce qui n'est point un banal éloge ; cette fameuse Mme *Saqui* qui fut, sous l'Empire aussi célèbre en son genre, que dans le leur : Talma, Ellevion et Mme Saint-Aubin.

Retour de M. *d'Harmeville* le 7 septembre 1828, avec

Mlle *Coraly* et *Michaul*, MM. *Abadie* et *Saint-Léon* comme premiers sujets. On regrette l'absence de *Le Febvre* et de *Saint-Albin* qui avaient laissé de si bons souvenirs.

On débute par les *Deux Mousquelaires, Kellly* et *les Voilures versées,* et on poursuit la série des spectacles par *Fiorellà, l'Orpheline Russe, Cartouche.* M. *d'Harmeville,* qui semble vivre sur son ancienne renommée de directeur habile, nous quitte le 8 décembre sans laisser cette fois de regrets, car il n'a fourni aucun ouvrage de nature à contenter son public.

M. *Modeste* vient le 15 décembre prendre la place de M. *d'Harmeville,* et débute par un coup de maître.

En effet, le 5 janvier 1829, le fameux *Ligier* de la Comédie-Française, *Ligier* à qui *Talma* avait légué en mourant le poignard tragique de Melpomène, fait son apparition sur notre scène dans le rôle d'*Hamlet* qu'il donne deux fois à Saint-Etienne et qui excite l'admiration et l'enthousiasme.

Ligier, qui naquit à Bordeaux le 11 décembre 1797, et qui mourut en 1872, encouragé par Talma, débuta dans sa ville natale par des rôles secondaires.

Il s'en vint à Paris et se fit admettre au Conservatoire où Saint-Prix lui donna les premières leçons.

Il débuta toujours sous les auspices de *Talma,* en janvier 1820, au Théâtre-Français, dans le rôle de *Brilannicus,* ne tarda pas à devenir sociétaire et créa divers rôles dans *Scylla, Marie Slwarl, Louis XI, Rienzi,* etc.

Doué d'un organe caverneux et propre à inspirer l'effroi, *Ligier* frappait surtout par la saisissante énergie de son jeu, et par le masque de laideur dramatique qu'il parvenait au besoin à imprimer à son visage. C'était surtout par la terreur qu'il réussissait, et la rudesse de sa voix, la brutalité naturelle de ses gestes, le servaient à souhait dans les personnages traîtres, hypocrites et méchants du drame ou de la tragédie.

La première représentation de *Louis XI* à Paris, le 9 février 1832, lui valut les vers suivants ;

En te voyant, la France consolée
Croit voir son grand Talma sortir du mausolée.

Quel éloge ajouter ?

Il semble qu'à ce moment un bon génie conspire pour les plaisirs scéniques de nos concitoyens car M. *Modeste* appelle à son aide des renforts extraordinaires et des auxiliaires puissants.

Il y a quinze jours à peine qu'il faisait pleurer les Stéphanois grâce à l'incomparable talent de *Ligier,* qu'il tient à les faire rire et les charmer en offrant *Mariage de raison* avec la pimpante Mlle *Florival,* des Célestins, vraiment supérieure dans les rôles où il fallait de la vivacité, de l'engouement et de la coquetterie.

L'*Actrice en voyage,* 2 février 1829, fut son triomphe. Elle était vraiment séduisante sous son costume de sémillante amazone. Distinguée et élégante elle portait à ravir la toilette, autant d'actes autant de robes ; aussi éblouit-elle les Stéphanoises ravies, par l'éclat de ses costumes qui étaient d'un luxe inouï pour l'époque.

Mlle *Florival* parut encore, 10 février 1829, dans *les Premiers amours, Polder* ou *le bourreau d'Amsterdam, Angeline* ou *la Demoiselle à marier.*

Après deux mois d'absence *Ligier,* alors dans toute la force de son talent, remplit à nouveau la scène de son souffle puissant en interprétant, 11 mars 1829, aux applaudissements d'une foule en délire, *Clytemnestre, Hamlet, Tartufe* et *Scylla.*

L'incomparable *Ligier* souleva parmi nos concitoyens un tel enthousiasme qu'il fut décidé qu'on lui offrirait un banquet.

A l'heure des toasts, M Edmond Servan de Sugny, juge auditeur au Tribunal civil de Saint-Etienne, qui présidait ces artistiques agapes, débita en l'honneur du célèbre tragédien les vers suivants et qui sont inédits :

UN SONGE

Cette nuit l'âme en proie aux plus noires terreurs,
Du fils d'Agamemnon j'entendais les fureurs,
Je voyais à ses pieds sa mère massacrée
Et me croyais enfin dans le palais d'Astrée.
Appelant vainement Morphée et ses pavots,
Je ne pouvais goûter un instant de repos,
Sur un bras appuyé je veillais dans ma couche.
Une ombre m'apparut, non terrible, farouche,
Couverte de poussière et de hideux lambeaux
Comme on nous peint les morts au sortir des tombeaux.
Mais calme et sur son front où régnait la noblesse
Laissant voir une douce et paisible tristesse.
« Que mon aspect, ami, ne t'épouvante pas,
Je suis Talma, dit-elle. Au séjour du trépas
A l'art que j'illustrais je m'intéresse encore
Et dans ces sombres lieux c'est tout ce que j'adore.
Sitôt que dans la tombe on me vit descendu
Un long cri s'éleva : le théâtre est perdu !
Le sublime Corneille et Racine et Voltaire,
N'obtiendront plus hélas, le bravo du parterre !
Dans le même cercueil, ils sont tous renfermés,
Non, Français, rassurez vos esprits alarmés,
L'Espérance vous reste, et tous ces grands poètes
Trouvent après moi, de dignes interprètes.
Un jeune homme Ligier, dont les succès naissants
D'un plaisir paternel enivrèrent mes sens,
Fera briller encore la tragédie antique,
Grandissant par degrés dans l'estime publique.
Consolez-vous enfin, oui, j'en ai l'assurance,
Un jour Ligier rendra Melpomène à la France.
Le fantôme à ces mots s'échappe et disparaît.
Je me lève interdit, j'écoute, — et tout se tait.
Mais cette vision n'était point un mensonge
Et tu sauras, Ligier, réaliser mon songe.

Ed. DE SERVAN DE SUGNY.

Un autre poète stéphanois qui signe ses œuvres des initiales C. R., dédie également à *Ligier* la pièce de vers suivante :

A LIGIER

Qu'il t'a fallu de temps, de peine et de prudence
Pour diriger ta barque avec persévérance,
A travers les écueils qui te cachaient ce port, (1)
Ou si peu de mortels sont poussés par le sort.
Que ton talent est beau ! Chaque jour je l'admire...
Quel est donc le génie ou le Dieu qui t'inspire ?
Oh ! comme d'un sujet tu sais te pénétrer,
Suivant ta volonté, faire rire ou pleurer.
Comme tes sentiments que ton esprit retrace,
Respirent tour à tour ou la crainte ou l'audace.
Que tu sais bien enfin faire entrer dans le cœur,
Toutes ces sensations d'espoir ou de bonheur !
Gloire au maître fameux, qui voulut de sa science
Te communiquer l'art, et par expérience
Développer chez toi ce genre de talent,
Qui nous frappe aujourd'hui, que l'on voit rarement.
Béni soit le jour où te vint la pensée
De visiter un peu notre ville étonnée.
Mais au gré de nos cœurs on ne put pas assez
Jouir de ta présence et de tous tes succès.
Ah ! malheureusement, il n'est pas deux Ligier.
Va donc dans d'autres lieux recueillir des lauriers,
Partout où tu seras t'attendent des couronnes,
Que te distribueront des milliers de personnes,
Pour moi, j'espère bien, que lorsque l'hirondelle
Des pays étrangers nous reviendra fidèle,
Tu reviendras aussi pour nous faire admirer
Ce talent prodigieux qui ne peut nous lasser,
Au milieu de Paris, oh ! songe à Saint-Etienne.
Puisse cette pensée être toujours la tienne.

                                    C. R...

Sans commentaires, nous aurions garde de ternir
l'orient d'une aussi jolie perle !

Notons pour mémoire le passage de la famille *Camoin*
qui à elle seule forme une troupe complète, et qui s'attire

(1) Saint-Etienne port de mer, ça laisse rêveur.

un succès de bon aloi dans *le Bouffe et le Tailleur,* le *Tableau parlant* et *les Prétendus.*

Le 5 septembre 1829, rentrée de M. d'Harmeville qui a remanié complètement sa troupe de comédie et d'opéra et qui s'est assuré le concours de Mme *Lebel,* qui était une actrice remarquable dont le port noble et majestueux lui valut les suffrages et les adulations de nos concitoyens. A part cette comédienne de race, le reste de la troupe, Mme *Sémaladis* comme dugazon, *Bertran* comme basse-taille, M. et Mme *Garnier,* comme père noble et duègne, et enfin Mme *Saint-Amand* fut peu satisfaisant.

A relever pourtant le nom des pièces suivantes : *le Tyran domestique,* comédie du Théâtre-Français ; *le Caporal,* vaudeville ; *Avant, Pendant et Après ; le Cadi, Ma Zélulbée, les Esquisses de la Révolution, la Fiancée, les Mouvements d'une diligence, Jean* ou *les Folies amoureuses. Henri III,* le drame d'Alexandre Dumas qui fit tant de bruit à son apparition, et qui souleva tant de passions diverses, fut pour Mme *Lebel* un véritable triomphe.

Elle se montra dans cette pièce tour à tour noble, sensible, pathétique et entraînante, et déchaîna à la fin de chaque audition des tonnerres d'applaudissements justement mérités.

Encore : *Euphroisine,* jouée devant le vide des banquettes, *Coradin, Chacun de son côté, la Réconciliation conjugale, Marino Faliro, Sept heures,* mélodrame, où les acteurs récoltèrent une ample moisson de sifflets, et enfin M. de *Pourceaugnac* d'après le *célèbre Molière,* comme dit l'affiche.

Cette troupe la plus inférieure de celles amenées par M. *d'Harmeville* qui gâta souvent les Stéphanois par le choix de ses recrues et de ses pièces, partit en octobre 1829.

Avec les frimas, sous la conduite de M. Danguin, une nouvelle troupe paraît sur notre scène le 7 décembre 1829. Les débuts ne furent pas heureux, car le théâtre trouva une concurrence terrible dans le cirque *Gallien* qui s'était installé à Saint-Etienne depuis le mois d'octobre,

Le spectacle à cette époque commençait à 6 heures et finissait à 10 heures. Le choix des pièces ne fut pas satisfaisant. *Lisbeth* ou *la Fille du Laboureur, le Code et l'Amour, Malvina* ou *le Mariage d'inclination, les Deux Ménages,* comédie, *la Manufacture* ou *Minuit et la Révolution,* mélodrame, n'attirèrent qu'un public peu nombreux.

Le 1er janvier 1830 et *un vendredi,* se produisit au théâtre une émeute causée par la désinvolture d'un jeune homme qui ne cessait d'invectiver les gens du parterre. La police intervint, et fit évacuer la salle. Pendant ce temps un commencement d'incendie éclatait au cirque *Gallien.*

Un acteur nommé Joseph, qui venait de terminer une scène très fatigante, grimpa sur le toit, et éteignit le feu en y jetant de la neige.

Comme on voit, c'était bien mal commencer l'année.

En mars 1830, M. Danguin engage pour deux représentations l'acteur *Saint-Albin,* qui est assez bien secondé par Nunez, Charles et Monet et par *Mme Danguin,* qui inaugure la coiffure *à la Chinoise,* coiffure qui fait sensation, et qui provoque un grand enthousiasme chez les *dandys* de notre ville, qui firent serment, à la sortie du spectacle, de mettre en interdit toutes les lionnes qui n'adopteraient pas à l'avenir ce genre d'arrangement pour leur chevelure.

Le 29 mai 1830, M. *Philippot Célicourt,* directeur privilégié du 12e arrondissement théâtral, amène à Saint-Etienne une troupe composée de 15 artistes, pour jouer : comédies, vaudevilles, mélodrames et tragédies.

Malheureusement, le spectacle est peu suivi, la politique nuit au théâtre et c'est à peine devant une centaine de personnes que se donnent : *le Gascon à trois visages,* vaudeville en un acte, dans lequel se distingue M. *Girel,* premier danseur comique du Grand-Théâtre de Lyon,

M. *Girel* recueille aussi de vifs applaudissements dans le ballet-pantomime *les Meuniers,* où son fameux pas de *Polichinelle vampire* lui vaut les honneurs du rappel.

Les représentations se traînent péniblement. Le théâtre est dans le plus profond marasme, ce qui nuit à l'entrain des acteurs qui, sans conviction, nous font entendre : *la Folie du siècle, l'Enfant trouvé, la Manie des places, le Retour du député.*

A retenir pourtant une cantate d'un acteur stéphanois nommé Aimé de Loy, et dont voici les paroles :

HYMNE NATIONAL

LA SÉGUSIENNE

Réveille-toi, France nouvelle,
Le coq des Gaulois a chanté
Au temple de la liberté.
Son cri d'alarme nous appelle,
On voulait nous mettre un bandeau,
Le peuple a dressé sa crinière,
Des flots d'une indigne poussière
Il a tiré son drapeau.

Te voilà drapeau tricolore,
Etendard longtemps éclipsé,
Liant l'avenir au passé.
Un prince citoyen t'arbore,
Tu renais, plus pur et plus beau,
Ta cendre a porté la vengeance,
C'est le bras de la jeune France
Qui rétablit le vieux drapeau.

Il flotta sur la pyramide,
Il a couronné le Kremlin.
Vingt fois il suivit le Rhin
Le vol de notre aigle intrépide.
Il vit le siècle à son berceau,
Le siècle a gardé sa mémoire,
Il roula dans ses plis la gloire,
Salut à notre vieux drapeau.

D'Orléans est notre espérance,
Elevons-le sur le pavois.
Comme Philippe de Valois
C'est la fortune de la France !
La France du siècle nouveau
Est toujours l'antique amazone,
Vive Philippe, et sur le trône
Faisons flotter le vieux drapeau.

On représente le dimanche 15 et lundi 16 août 1830 la *France régénérée*, tableau épisodique des 3 journées de *la Grande semaine*, pièce de *M. Saint-Martin*, artiste du théâtre et on chante à nouveau la *Ségusienne*, le tout au profit des victimes parisiennes.

Alexandre, cet ingénieux Protée qui fit courir tout Paris au Gymnase, vint à Saint-Etienne le 31 août interpréter *les Ruses de Nicolas*, où il remplit à lui seul les rôles d'un capitaine anglais, d'un domestique, de mistress Filburg et de sa nièce.

Il joue également *Alfred* ou *la bonne tête*, *Louise* ou *la Réparation*, et le 2 septembre, *le Coche d'Auxerre* avec reprise des *Ruses de Nicolas*.

Cet acteur était surtout remarquable parce qu'il possédait le rare talent de modifier sa voix à son gré, d'imiter toutes les espèces de sons et de bruits, et de donner à son visage tous les genres d'expression, de changer de costume avec une étonnante rapidité dont Plessis est une remembrance actuelle ; en un mot, de produire sur le spectateur l'illusion la plus complète.

Un poète *M*me *Desbordes* écrivit à *Alexandre* ces quelques lignes que nous sommes heureux de citer, pour donner une idée de l'immense talent de cet illusionniste remarquable :

« Je sors, Monsieur, de la foule miraculeuse que vous avez fait passer devant mes yeux, mais où il m'a été impossible de vous *reconnaître ;* comme il serait injurieux de ne pas croire à votre serment, je demeure persuadée que vous y étiez, que tout ce monde vivant, spirituel, naïf, beau, difforme, doux et furieux, c'était vous.

« Je le crois, puisque vous me l'avez dit et tous les cris de surprise que j'ai entendus le prouvent. Mais j'en connais de moins crédules, et si je rentre suffoquée d'étonnement et d'admiration, une personne qui se croit plus pénétrante, secoue la tête et soutient que vous aviez hors de vous, au moins un enfant, un Anglais, un bossu et une femme, qu'elle les a vus sortir de vos vêtements et y rentrer à la hâte.

« Ce refus de croire l'incroyable ne vous paraîtra pas une offense, je le regarde comme une preuve d'un talent incompréhensible ».

Citons encore une anecdote sur *Alexandre*.

Dans un voyage qu'il fit en Ecosse, *Alexandre* alla visiter le château d'Abbostford. *Walter Scoll* qui en était le propriétaire, écrivit sur son album les vers suivants ou l'on retrouve la verve comique de l'auteur de Waverley.

TO M. ALEXANDRE

Of yore, in old England, it was thought good
To carry two visages under one hood ;
What should folks say to you,
Who have faces such plenty,
That from under one houd you
Last night show'd us twenty ?
Stand forth, arch deceiver ! and tell us in truth,
Are you handsome, or ugly ? In age or in youth ?
Man, woman, or child, or a dog. or a mouse !
Or are you, at once, each live thing in the house ?
Each live thing did I ask ! each dead implement too !
A work-shop in your person-saw, chisel, and screw?
Above all, are you one individual ? I Know
You must be, at least, Alexandre and Co,
But I think you're a troop-an assemblage a mob,
And that I, as the scheriff, must take up the job,
And instead of rehearsing your wonders in verse,
Must réad you the *riot acte*, and bid you disperse.

WALTER SCOTT.

Voici la traduction :

A MONSIEUR ALEXANDRE

Jadis dans la vieille Angleterre, on regardait d'un mauvais œil celui qui portait deux figures sous le même capuchon. Que devrait-on dire de vous qui possédez un si grand nombre de visages ?

Hier soir, sous un seul capuchon, se sont montrées vingt têtes différentes. Voyons, habile imposteur, dites-nous la vérité? Etes-vous beau ou laid, jeune ou vieux, homme, femme ou enfant, chien ou souris ; réunissez-vous dans un seul tous les êtres vivants d'une maison ?

Que dis-je, tous les êtres vivants ! Vous nous en offrez tous les ustensiles, scie, rabot, tournevis. Mais avant tout, n'êtes-vous qu'un même individu.

Il me semble que vous devez être au moins *Alexandre et C*, mais non, c'est une réunion, un rassemblement, et moi *sheriff*, je dois remplir les devoirs de ma place. Oui, au lieu de chanter toutes vos merveilles, je devrais lire le *Riot-acte*, l'acte pour disperser les attroupements séditieux et vous ordonner de vous disperser.

Au mois d'octobre 1830, *M. Philippot Célicourt* organise une nouvelle troupe aussi disparate que la précédente, et dont le répertoire se compose de *Fénelon,* drame en 5 actes, de Chénier; *Bruis et Palaprat,* comédie; *M. Sans-Gêne, Une nuit de garde-nationale, la Marchande de goujons,* vaudevilles ; *le Mariage d'argent, le Mariage du Capucin,* comédies ; *la Prise d'Alger, Guillaume Tell,* mélodrames.

Le 5 janvier 1831, notre population acclame le retour du fameux *Ligier* dans *Hamlet* et *Marino Faliero*; l'interprétation fut à la hauteur de la réputation de l'artiste. Seule, *M*me *Leroy*, de la troupe *Philippot Célicourt* fit quelques efforts heureux pour seconder son illustre partenaire.

En janvier 1831, le 10 et le 13, *M*lle *Duchesnois*, la rivale de *M*lle *Georges*, vint de son cothurne fouler le sol de notre scène. Chose triste à constater, malgré l'attrait du programme sur lequel figuraient deux pièces, où la *Duchesnois* était vraiment tragique, une seule chose manqua à cette représentation, les spectateurs !!!

La célèbre tragédienne était née à Saint-Saulve, faubourg de Valenciennes, cette Athènes du Nord (comme l'appelle *M. Léo Claretie*), et où on lui éleva, en 1895, un monument où elle apparaît en buste, pas jolie, comme de vrai, mais l'air intelligent et décidé.

Fille d'un palefrenier, paysanne grossière qui garda les vaches et fit la lessive, elle devait, grâce à *Legouvé,* qui fut son véritable maître, et qui lui donna les premières leçons, devenir une des plus éloquentes interprètes des souffrances de *Phèdre* et d'*Ariane.*

Protégée par *Mme Bonaparte* dont elle adopta le pré-
nom, *Mlle Duchesnois* fit son entrée au Français, le 3 août
1803.

Les rôles établis d'origine par *Mlle Duchesnois* sont
peu nombreux. Ceux où elle a laissé le plus de souvenirs
sont *Marie Stuart* et *Jeanne d'Arc*, pièce dans laquelle la
tragédienne portait un pourpoint de velours noir et
culottes pareilles, larges et bouffantes, bottes de peau de
chamois, corsage garni de mailles d'acier, manches à
crevés roses, le devant décolleté et le chapeau de feutre
noir à plumes blanches.

Ce costume est conservé comme une relique au Musée
de Valenciennes, ainsi que les palmes qui lui furent
offertes, et les médailles qui furent frappées à son effigie.

Sa laideur fut rachetée par son esprit. Un jour que
Geoffroy, feuilletonniste mal appris, raillait son manque
de beauté, elle lui répondit :

« Le public n'a malheureusement pas besoin d'apprendre de vous que je ne suis pas belle, mais vous,
monsieur, vous devriez savoir qu'une femme n'est laide
que quand elle n'a pu faire autrement. »

Son organe était doux et sonore à la fois, il se prêtait
facilement à l'expression des tendres sentiments.

Elle fit ses adieux au public le 30 mai 1833, dans une
représentation donnée au bénéfice de *Mme Dorval*, sur le
théâtre de l'Opéra.

Elle mourut peu de temps après, et c'est à peine si
vingt personnes, dont quelques camarades de la Comédie-
Française accompagnèrent au *Père Lachaise*, où ses
admirateurs lui ont fait élever un monument près de la
tombe de Talma, cette femme qui avait passionné les
foules, attiré le public, et qui avait donné sans compter
pendant sa vie, les cris de son cœur, les sanglots et les
fièvres de son génie.

En 1831 et le 10 septembre, on nomme comme directeur *M. Pastelot*, qui amène avec lui une troupe dont
l'ensemble est satisfaisant. A citer les noms de *Mmes*
Voiturier, premier rôle ; *Reichenstein*, dugazon ; *Pastelot*.

et *Mlle Clara*; de MM. *Belcour*, premier chanteur et *Lacoste*, chef d'orchestre.

On débute par la *Dame Blanche*, et on continue par la *Fausse Agnès*, comédie; les *Prétendus* et *Fra Diavolo*.

Pendant ce mois de septembre, on voit paraître sur notre scène *Mlle Clorinde*, première cantatrice du Grand-Théâtre royal de Naples, dans un concert qui attire un monde considérable.

Elle chante de ravissante façon une chanson d'amour, et les baisers qu'elle envoya dans la salle, y allumèrent plus d'un incendie et y blessèrent plus d'un cœur.

Les premiers jours d'octobre, la troupe joua *le Barbier de Séville*, *Zampa* ou *la Fiancée de marbre*, représentation où le public fut comme la statue d'*Alice Maufredi*. Il ne s'anima que pour siffler violemment lorsque la toile se leva pour le deuxième acte après un entr'acte de près d'une heure. Après *Zampa*, vient la pièce intitulée *le Passage du Mont Saint-Bernard* ou *le Général Bonaparte, gloire militaire*, comme le porte l'affiche.

La troupe de M. *Pastelot* ne le cède en rien à celle de M. *Saint-Amand*, pour la longueur désespérante des entr'actes, et s'en retourne le 20 octobre 1831 après de brillantes recettes à la foire de *Clermont*, après avoir joué pour ses adieux, *Jean de Paris*, au grand mécontentement des Stéphanois qui se voient privés de spectacle pendant toute la saison des frimas et des neiges.

En juin 1832, la ville de Saint-Etienne vote une somme de 600 francs pour blanchir la salle de spectacle au lait de chaux. Mince de luxe, Messieurs les cipaux, comme dirait Gavroche !

Il faut attendre le mois de décembre 1832 pour voir réapparaître M. *Pastelot* qui a recruté une troupe plus que médiocre et qui mérite à peine d'être signalée. Aucune pièce n'est également à noter, sinon *Vert-Vert* et *Lucrèce Borgia*, où Mme *Pastelot* remporte quelques succès.

M. *Pastelot* nous quitte au mois de mars 1833 et nous revient le 15 septembre de la même année. La fin de 1833 et le commencement de 1834 sont assurément des pages peu brillantes pour notre théâtre qui n'enregistre que des reprises de pièces depuis longtemps connues.

Rien d'intéressant à relater, sinon la disgrâce d'une contrôleuse qui en informe le public de pittoresque et amusante façon !

« Quelques personnes honorables ayant bien voulu me témoigner leur étonnement de ne plus me voir chargée du contrôle, à l'entrée du théâtre, fonctions que j'ai exercées pendant plus de 7 ans à la satisfaction du public, comme à celle de toutes les directions, et notamment celle de *M. d'Harmeville,* je crois devoir rendre compte des motifs qui m'ont fait encourir la disgrâce de MM. les secrétaires actuels :

« Un coiffeur avait été congédié et ne devait plus rentrer au théâtre; cependant le soir du 22 novembre, un quart d'heure avant la fin de la représentation, il se présente, il était ivre, un refus de ma part pouvait occasionner du bruit, troubler le spectacle; je crus, dans l'intérêt de l'ordre, et du consentement de Mme *Leroy,* préposée de MM. les comédiens, devoir laisser entrer ce particulier.

« Aussitôt l'un des sociétaires, *M. Gastier,* arrive dans un état de fureur difficile à décrire, me prodiguer les reproches les plus véhéments, et même les injures, et me menace d'un renvoi qui me fut notifié le 25.

« Jalouse de conserver l'estime et la confiance dont j'ai été honorée jusqu'à ce jour, et dont je n'ai pas, je l'espère démérité, je réclame une enquête, afin de prévenir le public et la direction à venir contre les suggestions de la malveillance ou de l'envie.

« *Signé* : Thérèse PÉRARD. »

Après une absence de trois mois, la troupe comique et lyrique de *M. Pastelot,* qui s'est adjoint des artistes de talent avec *M. Lacoste* dans la comédie et Mlle *Eugénie Fay* dans l'opéra comique, reprend possession du théâtre le 18 mai 1834, par le *Bouffe et le Tailleur,* opéra comique, *30 ans ou la Vie d'un joueur.*

Le 20 juillet 1834, deux représentations de *Philippe*, acteur du Palais-Royal. Doué d'une mémoire prodigieuse, il se révéla par la représentation au pied levé qu'il fit du *Gascon* ou *la Pompe funèbre*.

Enfant gâté du public, et malgré son air vulgaire, il savait provoquer le rire et détailler un couplet avec une rare perfection.

Il parut dans *Rémy* ou *le Paysan de la Bauce,* vaudeville; *la Plaque de Cheminée de 1748,* et enfin dans *les Trois Commères,* où il se tailla un véritable triomphe de fou-rire, malgré une chaleur accablante de 30 degrés.

A mentionner deux concerts, par le fameux *Paganini,* qui refuse d'en donner un troisième au profit des victimes des inondations, ce qui lui vaut de *la Presse* locale de virulentes apostrophes.

A noter également un autre concert, par Mme *Derancourt.* Au programme *le Rossignol,* dont elle justifie si bien le titre, *le Barbier de Séville* et *le Serment.*

Mme *Derancourt,* dans un élan de générosité qui lui fait le plus grand honneur, et mieux inspirée que le célèbre, mais peu charitable violoniste, organisa une dernière et splendide représentation au bénéfice des inondés du mois d'août 1834. Des applaudissements frénétiques et mérités récompensèrent cette excellente artiste de son dévouement aux malheureux.

A partir de cette terrible catastrophe qui plongea dans les larmes et la consternation de nombreuses familles stéphanoises, le théâtre se ressentit de cet état de choses, en voyant ses affaires péricliter, malgré le choix judicieux des pièces qui furent aussi nombreuses que variées : *La Bergère Châtelaine,* opéra en trois actes, de Planard et Auber; *le Royaume des Femmes* ou *le Monde Renversé, la Fandango, Vocation,* vaudevilles; *le Colporteur* ou *l'Enfant du Bûcheron, le Pré aux Clercs,* opéras, et *Judith et Holopherne,* 16 octobre 1834.

Le 6 novembre 1834, *Klisching,* premier mime des théâtres royaux *de Londres et de Paris* se fait applaudir dans le *Singe et son Maître,* pantomime ; *Moufflet* ou *le Duel au 3ᵐᵉ Etage, Pourquoi, la Famille Rigbourg,* et *Deux Femmes contre un Homme.*

Rentrée de MM. *Pastelot* et *Belcourt* le 16 novembre 1834, avec une troupe de comédie et d'opéra, formant un bon ensemble. Entre autres artistes, il faut nommer Mᵐᵉ *Lacoste, Moliny* et *Pastelot* qui se prodiguent et se surpassent dans *le Solitaire* ou *l'Homme du Mont-Sauvage,* opéra comique en 3 actes ; *Faublas, l'Escroc du Grand Monde, l'Incendiaire Jean Durand, le Jésuite, Jacquemin et Toujours,* vaudevilles.

Le célèbre prestidigitateur *Bosco* amène en janvier 1835 une foule énorme au théâtre, malgré l'augmentation du prix des places.

En mai 1835, M. *Pastelot* qui s'est adjoint M. *Mircourt,* vient reprendre la direction du théâtre, avec Mᵐᵉ *Pastelot* comme premier rôle en tous genres, MM. *Mircourt, Prosper* et *Vincent* comme acteurs principaux.

On interprète de manière à contenter le public de notre cité : *l'Héritière, l'Homme Gris, les Duels,* vaudeville en 2 actes de Scribe ; *Angelo* ou *le Tyran de Padoue,* drame de Victor Hugo ; *Caprice de Femme* et *la Fille mal élevée,* de Scribe.

Pour peindre l'état d'âme de nos concitoyens en 1836 au point de vue scénique, nous ne pouvons mieux faire que de reproduire *in extenso* une lettre écrite à un journal de l'époque.

Une troupe d'opéra comique peut-elle sans interruption se maintenir à Saint-Etienne ?

« J'ai entendu une foule de gens soutenir l'affirmative. Si les directeurs se sont pour la plupart ruinés, disent-ils, c'est parce qu'ils n'ont pas eu de personnel assez complet et des sujets de talent.

« Avec une bonne troupe et un choix éclairé de pièces, on est sûr de réussir. Témoin la première année de M. Ed. *Pastelot.*

« Je ne suis pas de cet avis. Ce n'est pas tout d'avoir une bonne troupe, il faut un répertoire varié. Or, l'opéra comi-

que donne à peine chaque année dix à douze ouvrages
dont cinq ou six restent au théâtre et méritent la faveur
du public.

« Le grand opéra fournit bien aussi quelques ouvrages,
mais là les acteurs s'attachent surtout à parler aux yeux.
Ils exigent de la pompe, du fracas, un grand luxe de
décors et de costumes. Que fera parmi nous une troupe
d'opéra en y restant sans intermittence, elle nous donnera ces cinq ou six opéras comiques, mais pour chaque
pièce il lui faudra faire la dépense d'une partition, des
frais de costumes, passer des semaines en études et
répétitions, et il arrivera comme toujours, que la nouveauté fera deux recettes, et qu'à la quatrième représentation, ce sera une vieillerie qui fera four.

« Voilà précisément ce qu'a éprouvé M. *Pastelot* à sa
première venue à Saint-Etienne ; son répertoire était
nouveau, et comme il avait des sujets très remarquables,
il a eu constamment de belles chambrées. Ce qui manque
aux directions actuelles, c'est une subvention. Tant qu'on
abandonnera à Saint-Etienne une direction à ses propres
moyens, on peut être certain qu'elle se ruinera, et que
l'on n'aura jamais un spectacle digne de notre ville. »

Voilà la grande question de subvention posée, question
qui ne recevra de solution que dans un avenir assez
éloigné, ainsi qu'on pourra en juger par la suite.

Le 14 février 1836, spectacle extraordinaire d'exercices
gymnastiques et athlétiques des D^lles *Werthermann
Joséphine* et *Mina,* véritable femme hercule, si on en
juge par le trait suivant :

Placée horizontalement et en potence contre un pilier,
sa tête formant l'extrémité du levier, Mlle Mina se faisait
charger au moyen de lisières placées autour de la ceinture
quatre poids de 50 livres. Elle tenait suspendus avec ses
dents deux autres poids de même taille ; enfin, de ses
deux mains, elle en saisissait encore deux qu'elle entre-
choquait.

Ces exercices de force soulevèrent l'enthousiasme du
public qui applaudit à outrance la belle Mina dont la

plastique et le maillot chair étaient, paraît-il, des plus suggestifs.

Pendant ce temps on donne *Robert-Macaire* au Théâtre des Variétés place Marengo, théâtre dont nous n'avons pu retrouver l'emplacement (1) et qui, d'après un écrit du temps, n'était fréquenté que par des ouvriers. Nous avons découvert, à ce sujet, une lettre écrite à la Municipalité et signée d'un grand nombre de citoyens, demandant à ce que l'autorité fasse fermer un spectacle où se donnent des leçons de vol, d'immoralité et de crime *(sic)*, attendu, disent les considérants, qu'on y joue *Robert-Macaire*.

Une troupe d'opéra et de comédie composée de façon remarquable, s'installe dans notre théâtre le 18 juin 1836, sous la direction de MM. *Béfort et Pastelot*.

Comme débuts, elle donne *le Pré aux Clercs* et *l'Eclair* qui font salle comble. Au programme ne figurent que des nouveautés, *le Gamin de Paris, Leslock*, 21 juillet 1836, *le Cheval de Bronze* opéra en 3 actes de Scribe, prologue d'Auber, *l'Aumônier du Régiment, la Tirelire*, vaudevilles.

Entre temps, une pétition recouverte de nombreuses signatures, est remise à la Municipalité; retenons-en les deux premières conclusions :

1° L'érection d'un théâtre est une nécessité urgente, dans le chef-lieu de l'arrondissement de Saint-Etienne.

2° L'organisation de moyens propres à faire prospérer ce théâtre, intéresse au plus haut point le progrès de la *civilisation* dans tout l'arrondissement, et réagira de la manière la plus heureuse sur la prospérité du pays.

Un poète qui signe ses œuvres des initiales A. A..., met les espérances et les doléances de ses concitoyens, dans les vers suivants, que nous donnons à titre documentaire.

---

(1) Au moment de mettre sous presse, nous apprenons que ce théâtre, ou plutôt cette baraque, appelée *Chez Jacquinet*, était située place Marengo, sur l'emplacement actuel du kiosque de la musique militaire.

SUR LE NOUVEAU THÉATRE PROJETÉ
DE SAINT-ÉTIENNE

O peuple stéphanois, dont l'immense industrie,
Etonne l'univers, illustre la patrie,
Qui doubla dans quinze ans par ton activité
Les murs déjà fameux de la vieille cité,
Toi que le Dieu Plutus, à bon droit, idolâtre,
Pourrais-tu donc encor refuser un théâtre,
A l'aimable Thalie, à Melpomène en pleurs ?
Et quoi ! *Bouchard* mourant sur son lit de douleurs
Aurait seul entendu leurs plaintes légitimes,
Et l'on verrait en vain ces deux tristes victimes,
Comme un pauvre en haillons, au coin des carrefours,
Demander un asyle, implorer ton secours.
Oh, non ! leur cri plaintif a frappé ton oreille ;
La pitié dans ton cœur, à la fin se réveille,
Et le flambeau des arts pour dessiller tes yeux,
T'a jeté sa clarté, sa magie, et ses feux.
Aussi, le seul désir maintenant qui t'anime,
Est de voir s'élever rapidement la cime
Du temple où *Pastelot*, et *Béfort* réunis,
Nous montreront encore et *Callaut* et *Volnys*.
C'est bien, car il leur faut une plus vaste scène,
A ces rares talens des rives de la Seine,
Que celle, où sans pudeur, on a jusqu'à ce jour
Traîné, pour nos plaisirs, les muses tour à tour !
Où sans crainte, une dame, une simple grisette,
N'osait aventurer la plus mince toilette,
Où chacun, manquant d'air, de son siège endurci,
Se levait avant l'heure en disant, grand merci !
Gloire au siècle ! à présent l'on sait enfin comprendre,
Que le peuple au théâtre est désireux d'apprendre,
Que là, tout parle au cœur, à l'esprit comme aux yeux
Et que, pour le polir, le rendre gracieux,
Il suffit de montrer à ses regards avides
Le vice avec des fleurs, nous déguisant ses rides,
Puis partout exhalant une agréable odeur,
Pour sans masque apparaître, ignoble en sa laideur.
Ou bien, les gens du monde, aux manières polies,
Avec un art parfait débitant leurs saillies,
Pour frauder d'un chacun et l'orgueil et le tort,
Et la mode quinteuse et bizarre d'abord.
Aussi bientôt, j'espère, on ne pourra plus dire,
Comme on faisait jadis, sans crainte de médire,

Que le sol stéphanois est un vierge terrain,
Où les arts ne pourront se frayer un chemin
Qu'avec un temps immense, une peine infinie,
Puisqu'on admire enfin, Melpomène et Thalie.
A l'œuvre donc, à l'œuvre, architectes savans,
Le conseil de la ville attend déjà vos plans,
Si votre activité, peut répondre à son zèle,
Avant peu nous aurons une salle nouvelle,
Un théâtre plus digne, et du nom stéphanois,
Et du goût, et des arts, ainsi tout à la fois.

A. A...

Pendant le mois de juillet, *Zampa, la Pie Voleuse, une Passion, Héloïse et Abélard,* sont autant d'opéras, de vaudevilles, et de drames qui viennent réjouir les Stéphanois.

Les chanteurs styriens, dont les magnfiques costumes impressionnent vivement notre population, donnent un concert où l'affluence est énorme.

On entend ensuite *Farinelli, le Chalet, la Muelle de Portici* (7 août 1836).

L'Ami Grandet, comédie ; *la Marraine, Estelle,* vaudevilles, *un Duel sous Richelieu,* obtiennent un colossal succès grâce à l'interprétation hors ligne de *M.* et *Mme Volnys (Léontine Fay).*

La troupe de *MM. Béfort* et *Pastelot* seconde à merveille ces deux acteurs parisiens. Rien ne manque à cette sensationnelle représentation, rappels, applaudissements, bouquets et couronnes.

Un auteur stéphanois jette sur la scène, cachés en un milieu odorant de roses thé et de jasmin, les vers suivants :

A MADAME VOLNYS

Oh ! gloire, gloire à toi, beauté pure et céleste,
Ange aux regards si doux,
Oh ! gloire, gloire à toi, dont le talent modeste
S'abaissa jusqu'à nous.

Comme une étoile au ciel, dans la nuit embaumée,
Qui sur un lac d'azur fait scintiller ses feux,
Tu parais dans nos murs noircis par la fumée,
Et nous jeta trois jours les éclairs de tes yeux.
Pendant trois jours aussi, notre oreille attentive
Aux sensibles accents, de ta magique voix,
Crut entendre pleurer une brise plaintive,
Qui doucemnet gémit, et se perd dans les bois.
Oh ! qui n'a pas senti couler ses pleurs à flots,
S'enflammer son visage, et battre son artère,
En voyant de ton sein gonflé par les sanglots,
S'échapper les remords d'une femme adultère.
Oh ! qui n'a pas senti tous les feux de l'amour,
Embraser à la fois le foyer de son âme,
En voyant ton sourire et tes pleurs tour à tour,
Exprimer de ton cœur la tendresse et la flamme.
Hélas ! nous t'admirons, mais nous mêlons nos pleurs
Aux douloureux regrets que ton départ fait naître.
Daigne au moins accepter notre hommage et ces fleurs,
Les dernières qu'ici nous t'offrons peut-être......,

On marche de surprises en surprises avec la direction *Béfort-Pastelot,* qui fait brosser un superbe décor par *M. Ed. Moreau,* dans l'atelier de *M. Balan,* le peintre ordinaire du théâtre.

Ce décor qui produisait le plus bel effet, représentait le cloître de Sainte-Rosalie dans *Robert le Diable,* opéra qui fut chanté le 13 août 1836.

Puis se succèdent, d'abord un drame en 4 actes, au titre original, *Amazampo* ou *la découverte du Quinquina, Cosino* ou *le Prince et le Badigeonneur,* opéra en 2 actes, musique de *Prévost.*

Chaque jour amène une nouveauté au répertoire tels que : *Les deux Mélromanes,* opéra en un acte, paroles de M..., habitant de Saint-Etienne, musique de M..., *mènebarre* à Saint-Etienne ; *le Quaker et la Danseuse, Elle est Folle.*

Le 27 août, aux grands regrets de la population, s'en va la troupe lyrique et dramatique de *MM. Béfort et Pastelot,* qui ont donné pendant leur séjour parmi nous,

34 représentations dont 5 fournies par *M.* et *Mme Volnys,* 10 opéras nouveaux, 30 vaudevilles et 2 drames.

Cette *troupe d'Avignon,* comme on l'a surnommée à cette époque servira à nos pères de terme de comparaison pour juger les troupes lyriques à venir. Voici les noms des principaux acteurs de cette troupe fameuse : *MM. Duval,* premier ténor ; *Lovendal,* second ténor ; *Pastelot, Martin,* barytons ; *Mme Callaut,* fort au-dessus de toutes les chanteuses passées à Saint-Etienne ; enfin *Mme Lacoste,* dugazon.

Le 18 septembre 1836, *M. Annet* ne craignit pas de recueillir une aussi lourde succession, et jouant de bonheur, avec une troupe de comédie qui suit les traces de sa devancière, offre chaque jour des pièces inédites, si on en juge par l'énumération suivante :

La Savonnette Impériale, Rodolphe ou *le Frère et la Sœur, Salvoizy* ou *l'amoureux de la Reine, le Vagabond,* drame mêlé de chants, *les Gants jaunes, Catherine Howard* ou *la Cour de Henri VIII,* drame en 5 actes d'Alexandre Dumas ; *une Dame de l'Empire* ou *le lendemain de la bataille d'Austerlitz, Lionel* ou *mon devoir, la Vengeance Napolitaine* ou *la famille Morouval, les Pottais* ou *les Pêcheurs de Dieppe, le Puits Champvert* ou *l'ouvrier Lyonnais, Moiroud et Cie, Victorine* ou *la Nuit porte conseil,* drame en 5 actes mêlé de chants ; *Werther* ou *les égarements du cœur, le Conseil de Discipline,* folie-vaudeville en un acte ; *la Duchesse de la Vauballière,* drame en 5 actes de Rougemont, *Lalude* ou *35 ans de captivité, une Matinée à Trianon, Roman d'une heure, Passion secrète* ou *les Joueurs à la Bourse,* comédie de Scribe, *un Bal à la chaussée d'Antin, Procès criminel, le Vagabond,* drame en un acte, *les Anglaises pour rire,* folie-vaudeville.

M. Annet est un directeur modèle, c'est à lui que revient l'honneur d'avoir changé à ses frais le mode d'éclairage qui souvent avec ses quinquets fumeux provoquait la toux des spectateurs, c'est lui également qui le premier établit les stalles.

Le jeudi 16 novembre 1836, *Mme Dorval,* l'artiste applaudie du Théâtre-Français, fait son entrée sur notre scène, et joue le rôle de la *Thisbé* dans *Angelo,* drame de Victor Hugo, suivi d'un *Bal du grand Monde.* Le spectacle commence à 5 heures 3/4.

Elle redonne une seconde représentation ; dans cette soirée de gala, elle interprète de manière magistrale le drame *d'Antony,* et soulève de chaleureux applaudissements.

Mme Dorval nous quitte et nous revient le 4 décembre, et paraît dans *Clotilde,* le drame en 5 actes de Frédéric Soulié.

Sur notre scène les deux passages de *Mme Dorval* font époque à Saint-Etienne. De sa plume alerte et féconde, *Georges Sand,* qui fut l'amié de *Mme Dorval,* retrace en quelques lignes charmantes, dans *Histoire de ma Vie,* les débuts invraisemblables de celle qui devait s'élever, dans la suite, aux plus hauts sommets de l'art théâtral.

« Avant de prendre la place qui lui était due, *Mme Dorval* avait passé par toutes les vicissitudes de la vie nomade. Elle avait fait partie de troupes ambulantes, dont le directeur proposait *une partie de dominos sur le théâtre à l'amateur* le plus fort de la société, pour égayer l'entr'acte.

« Elle avait chanté dans les chœurs de *Joseph,* grimpée sur une échelle et couverte d'un parapluie pour quatre, la coulisse du théâtre (c'était une ancienne église) étant tombée en ruines, et les choristes étant obligés de se tenir sur une brèche masquée de toiles, par une pluie battante.

« Le chœur avait été interrompu par l'exclamation d'un des coryphées, criant à celui qui était sur l'échelon au-dessus de lui : « Animal, tu me crèves l'œil avec ton parapluie, à bas le parapluie ».

« A quatorze ans, elle jouait *Fanchette* dans *le Mariage de Figaro,* et je ne sais plus quel rôle dans une autre pièce. Elle ne possédait au monde qu'une robe, une petite robe blanche qui servait pour les deux rôles. Seulement, pour donner à *Fanchette une tournure Espagnole,* elle cousait une bande de calicot rouge au bas de sa jupe, et la décousait vite après la pièce, pour avoir l'air de mettre un autre costume, quand les deux pièces devaient être jouées le même soir. Dans le jour, vêtue d'un étroit fourreau d'enfant en tricot de laine elle lavait et repassait sa précieuse robe blanche.

« Un jour qu'elle était ainsi vêtue, et ainsi occupée, un vieux riche de province vint lui offrir son cœur et ses écus. Elle lui jeta son fer à repasser au visage, et alla conter cette insulte à un petit garçon de quinze ans qu'elle regardait comme son amoureux, et qui voulut tuer le séducteur.

« Ce fut par le rôle de la *Meunière,* dans le mélodrame en vogue *des Deux Forçats,* qu'elle commença à faire remarquer ses éminentes qualités dramatiques.

« Dès lors, ses succès furent brillants et rapides. Elle créa la femme du drame nouveau, l'héroïne romantique, et si elle dût sa gloire aux maîtres dans cet art, ils lui durent aussi la conquête d'un public qui voulait en voir, et en vit la personnification dans trois grands artistes *Frédéric Lemaître,* Mme *Dorval* et *Bocage.*

« Mme *Dorval* créa en outre un type à part, dans le rôle de *Jeanne Vaubernier.* Il faut l'avoir vue dans ce rôle, et dans celui de *Marion Delorme, d'Angelo, Chatterton, Antony,* et plus tard dans *Marie-Jeanne,* pour savoir quelle passion jalouse, quelle chasteté suave, quelles entrailles de maternité étaient en elle à une égale puissance. »

Le don de création et de vie, Mme *Dorval* le devait aux deux qualités qui font les vrais artistes, le naturel et l'inspiration. Tout a concouru à son succès, dit *Janin :* « Elle était l'interprète essentiel, à la révolution dramatique qui s'opérait; son imagination vive et originale, sa sensibilité expansive, son génie créateur, servaient à point pour seconder et favoriser la lutte du drame, contre la vieille charte littéraire. Elle a fourni à cette révolution la passion qui entraîne et le talent qui exécute. »

Mme Dorval se maria à l'âge de 14 ans, avec un maître de ballet, nommé *Allan*, d'une bonne famille bourgeoise de Paris, qui avait pris au théâtre le nom de Dorval que l'actrice conserva, bien qu'elle eût épousé en secondes noces le spirituel feuilletonniste *Merle*.

Quand on pénétra, à sa mort, chez cette illustre et pauvre femme, dont le souvenir est resté si sympathique et si touchant, sa maison était démeublée, rien ne restait des splendeurs du temps passé, rien, si ce n'est une couronne donnée par une main illustre lors de ses débuts, et qu'elle avait gardée partout et toujours, avec un soin jaloux.

Empruntons pour finir, à *M. E. Deschanel,* l'anecdote suivante, pour donner une dernière idée du talent incroyable de cette actrice.

Mme Dorval venait de jouer un rôle nouveau. Le public ce soir-là, par extraordinaire, avait été lourd à soulever, mais dans une baignoire de côté, pas très éloignée de la scène, une femme demi-voilée d'ombre, avait tout d'abord répondu aux vibrations magnétiques de l'artiste en renom.

Peu à peu, ses applaudissements avaient entraîné ceux de l'assemblée et aidé *Mme Dorval* à mettre le feu aux poudres. A la fin, grand succès, cris et rappels, et *Mme Dorval,* saluant du côté de son amie inconnue, essayait de distinguer ses traits dans le clair obscur, mais déjà le rideau retombait.

Au moment où l'actrice rentrait dans sa loge, pour quitter son costume, la femme de la baignoire s'y précipita, et se jetant à son cou, sans lui donner le temps de se reconnaître.

— « Ah ! laissez-moi vous embrasser, ah ! que vous avez été belle.

« *Mme Dorval,* tout en l'embrassant :

— Qui êtes-vous ?

— Qui je suis ! Connaissez-vous la *Malibran* ?

— « Ah ! Si je la connais ! Attendez... et soulevant la draperie qui séparait la loge en deux, elle fait voir à son interlocutrice, dans une sorte de chapelle, le portrait de la grande cantatrice.

— « Voyez, reprend-elle, si je vous connais et si je vous admire, moi aussi ! et si je vous aime. Que je suis heureuse d'avoir été applaudie par vous ! C'est vous qui avez enflammé le public. »

Qu'ajouter de plus à l'admiration professée par la *Malibran* pour *Mme Dorval*. Tous autres compliments seraient superflus.

Mme Dorval quitta Saint-Etienne pour aller à Lyon.

On reprend la série des spectacles avec *Mistress Siddom* ou *l'Actrice en voyage,* comédie mêlée de chants ; *le Manteau* ou *le Rêve du Nain, Changé en nourrice, les Deux Divorces, le Facteur* ou *la Justice des Hommes, la Femme qu'on n'aime plus, Renaudin de Caen, Valérie* ou *le jeune Aveugle, Judith et Holopherne, le Scandale* ou *un Mariage mal assorti,* folie mêlée de chansons.

La représentation du 25 décembre 1836, fut troublée par une manifestation provoquée par le renvoi d'un artiste, nommé Ferdinand. Une cabale montée par ce dernier, pendant qu'on jouait *Renaudin de Caen,* obligea le commissaire de police, à la tête de *douze grenadiers,* à faire évacuer le parterre. On procéda à l'arrestation de six jeunes gens qui furent conduits au « violon » et relâchés le lendemain.

Alexandre, le fameux Alexandre, l'habile imposteur, comme le dénomme *Walter-Scott,* reparaît sur notre scène le 8 janvier 1837, et obtient encore une fois un prodigieux succès. La salle était comble, et l'on refusa grand nombre de personnes, chose habituelle pendant cette direction.

Il est vrai de dire que *M. Annet* ne s'endormait pas sur ses lauriers, il connaissait son public et le contentait en lui offrant sans cesse et toujours des pièces nouvelles telles que : *le Pompier et la belle Ecaillère,* opéra-vaude-ville, *Mathilde* ou *la Jalousie, Pierre le Rouge, l'Amitié d'une jeune fille* ou *la France en 1893,* drame en 3 actes, *Arrivés à propos* ou *les trois Prétendus.*

Le directeur *Annet* traite avec M. *Vizentini* aîné, ex-artiste de l'Opéra-Comique et des Variétés de Paris, et premier comique au Gymnase Lyonnais.

Un premier Amour, la Consigne, la Famille improvisée et *le Gamin de Paris,* ont en cet acteur un brillant interprète.

Pendant ce temps, le 3o janvier 1837, *Aristippe,* artiste du Théâtre-Français, élève de *Talma,* donne une première soirée littéraire dans la salle des fêtes de l'Hôtel de Ville, et une seconde au théâtre.

Le 4 février 1837, le brevet de directeur est continué à M. *Annet* pour l'année théâtrale 1837-1838, et ce n'est que justice. Peu de directeurs, en effet, se sont montrés aussi empressés que lui, à satisfaire les goûts du public stéphanois.

Aussi, M. Annet, jaloux de mériter de plus en plus les suffrages, fait venir du Gymnase Lyonnais *Barqui,* artiste qui fait rire aux larmes les spectateurs dans *Ma Femme et mon Parapluie, Tony* ou *le Canard accusateur,* vaudeville en 2 actes ; *l'Abbé de l'Epée* ou *l'Instituteur des Sourds-Muets,* comédie en 5 actes. Pendant le séjour de *Barqui,* le spectacle commençait à 5 heures 1/2.

Le Dante à Paris, 6 mars 1837, comédie-vaudeville en un acte par M. *V...,* de Saint-Etienne, fut brillamment enlevé par *Barqui,* ainsi que *Le Père Goriot* ou *le Vermicellier de l'Empire,* et *le Bal d'ouvriers.*

Le Dante à Paris, fut une pièce pleine de verve et d'imagination, et bien accueillie du public, qui ne ménagea pas ses bravos ni à *Barqui,* ni à la sémillante Mme *Annet,* qui fut pleine de malice et d'espièglerie.

M. *Aristippe,* retour de Montbrison, s'arrête dans notre ville et donne une représentation à son bénéfice, composée de *Marie* ou *trois Epoques,* comédie ; *la Vie de Napoléon,* et *Turiaf le Pendu.* Les musiciens du 3e léger, sous la direction de M. *Schroder,* chef de musique, prêtent leur concours à cette solennité.

Le Mari de la Dame de Cœur, Mlle *Marguerite*, et *le Philtre Champenois* clôturent la saison théâtrale, qui fut rémunératrice pour la Direction.

Le 39e régiment de ligne, avec l'autorisation de son colonel M. *Guillabert*, organise le 25 juin 1837, au théâtre, une représentation au profit des ouvriers sans travail. Le spectacle, qui attire un nombreux public, était composé : *du Secrétaire et du Cuisinier, de la Manie des Places* et *du Coin de Rue*, vaudevilles de Scribe, pièces dans lesquelles parurent plusieurs amateurs de Saint-Etienne. Le bénéfice de cette œuvre de charité se chiffre par une recette de 1.850 francs nets.

M. *Annet* revient le 2 juillet reprendre possession de son poste, avec une bonne troupe qui compte comme principaux personnages, Mme *Grasseau*, ex-pensionnaire du Théâtre-Français, Mlle *Mathis*, Mmes *Annet* et *Fresson*, MM. *Weber*, *Simonot*, *Marcellin* et *Labrol*, chef d'orchestre.

Retenons au répertoire : *Le Tasse à Ferrare*, comédie d'Alexandre Dumas, pièce dans laquelle, la splendeur et l'incomparable majesté de Mlle *Mathis* soulèvent d'unanimes bravos, *le Commis et la Griselte, Léon* ou *le cœur d'une Mère, les sept Péchés capitaux, le Postillon de Mam'Ablou, la Demoiselle à marier, Casanova, la Chanoinesse, Souvenir de 1816, la Jeune Femme en colère*, comédie du Théâtre-Français, *Rabelais* ou *le Curé de Meudon, la Femme de l'Epicier, les deux Banquiers, les deux Ménages, Keau* ou *Génie et désordre*, drame en 5 actes.

Le 14 août 1837, une inondation semblable à celles des 26 et 27 août 1834, se produisit et paralysa la marche des affaires.

C'est avec un courage digne d'un meilleur sort, que la troupe s'évertue à jouer devant une salle presque vide, Mme *de Sévigné, le Confident des Dames, le Mari et l'Amant, Mérope*, tragédie en 5 actes ; *la Fiole de Cagliostro*, *l'Héritière* de Scribe, *Philippe* ou le *Mariage Secret, une Faute, Madelon, Friquet* ou *la Danseuse et la Blan-*

chisseuse, comédie anecdote du XVIIᵉ siècle, *Richard Moor*, *Chut* ou *la Cour de Catherine II*, *Julie* ou *la Réconciliation au Mont-d'Or*, comédie nouvelle du Théâtre-Français.

L'heure du spectacle s'est modifiée et l'on commence à 6 heures 3/4.

Saint-Etienne eut pendant un soir son *Théâtre Italien*. Une troupe transalpine vint, en effet, le 8 octobre, sous la direction de M. Pellizzari, chanter en *italien* la *Norma*, opéra en 2 actes de Bellini. Le prix des places fut fixé pour cette représentation exceptionnelle à 3 fr. 5o les premières et stalles, 1 fr. 5o les secondes, 75 centimes les troisièmes.

Le succès ne répondit pas à l'attente de M. Pellizzari qui s'empressa de déguerpir au plus vite de Saint-Etienne, pour aller se produire à Lyon, où le succès fut également médiocre.

Avant de gagner Reims, où ils sont attendus, M. et Mᵐᵉ *Albert*, pensionnaires de la Comédie-Française, daignent s'arrêter dans notre ville, et se font entendre dans *Léontine* et dans *une Dame de l'Empire*.

Les noms de ces artistes ont le privilège d'attirer au théâtre une foule considérable.

On jette sur la scène un billet réclamant une troisième représentation. Le directeur M. *Annet* joint ses instances à celles du public, mais il est impuissant pour retenir ce couple fameux, engagé pour le 18 au chef-lieu de la Marne.

Un nommé *Seut*, voyageur de commerce, et poète à ses heures, décoche à Mᵐᵉ *Albert* les vers suivants, que nous transcrivons à titre de curiosité.

A MADAME ALBERT

Pèlerin de ce monde artiste vagabond,
Je m'arrête en passant où brille le génie,
Ici je trouve Albert, et l'écho jette un son,
Suivi de mille sons, ruisselant d'harmonie.

C'est toujours cette voix si pure,
Que tant de fois j'ai savouré,
Ce cri d'amour de la nature
Dont le cœur se sent enivré.
Aussi, lorsque la fleur nouvelle
Répand son parfum dans les airs,
Nous reconnaissons Philomèle,
Aux doux éclats de ses concerts.

Dans le temple de Melpomène,
Qui mérita mieux notre encens ?
Nobles transports, plaisir et peine,
Tout nous ravit dans tes accens,
Sous l'auréole qui domine
Ton front sévère et gracieux,
Je vois Georgette qui lutine
La Folle aux cris si douloureux.

10 septembre 1837.   J. SEUT.

La direction *Annet* inaugure *pour les Dames,* les billets à demi-places : 1 fr. 25 au lieu de 2 fr. 50 les premières.

Cette mesure donne un certain résultat et c'est devant des salles presque pleines, que se jouent *Misanthropie et Repentir, Caleb,* de Walter Scott, *Jeanne d'Arc à Rouen,* drame en 5 actes, *la Maison des Fous, Fénelon, Colonel d'autrefois* ou *Royal Beaujolais, Fouinard* ou *la Tête de ma Femme, l'Oncle d'Amérique, les Français à Constantine,* à propos patriotique ; *la Première cause* ou *le Jeune Avocat, l'Amour d'une Reine* ou *une Nuit à l'Hôtel Saint-Paul, Zoé* ou *l'Amant prêté, Guerre ouverte* ou *Ruse contre Ruse, Père et Citoyens* ou *le Patriote de Modène,* drame en 5 actes orné de combats *(sic),* décorations nouvelles, représentant les montagnes des Apennins, par M. L. de Saint-Etienne. *Aventure sous Charles IX, Yelva* ou *l'Orpheline Russe, Bruno le Fileur, la Reine de 16 ans* ou *la Jeunesse de Christine, Titi au Chemin de fer Saint-Germain* ou *Impression d'un Gamin de Paris.*

Le 18 décembre, concert par le chevalier *Philippa*, élève de Paganini, son digne émule et son rival de talent et de gloire. Le spectacle commence à 5 heures 1/2.

Le 7 janvier 1838, la direction se rend à *Valence* pour un mois, et donne pour la clôture momentanée Mme *Dubarry* et *la Comtesse du Tonneau*.

Le 15 février, rentrée de M. *Annel*, qui a récolté dans le chef-lieu de la Drôme des succès si brillants, que les Valentinois s'opposèrent à son départ.

Le public se rendant compte des efforts intelligents de la direction, lui prouve son contentement, en suivant régulièrement le spectacle qui enfante quotidiennement de nouvelles créations : *Un Chef-d'œuvre inconnu*, drame en un acte du Théâtre-Français, *le Démon de la Nuit*, *le Chevreuil* ou *le Fermier Anglais*, *Peau de Chagrin*, 25 février, extravagance romantique en 3 actes ; *la Princesse de Wendel* ou *Discrétion*, *le Duel* ou *le Déjeuner* ou *les Comédiens*, *L'habit ne fait pas le Moine*, opéra-vaudeville, *le Père de la Débutante*.

M. *Odeja Monti*, premier ténor de la troupe italienne, vient de Lyon, pour chanter le 4 mars, les airs de la *Muette*, de *la Somnanbule* et de *Anne de Boulen*.

Le 8 avril, clôture de l'année théâtrale avec *Pour ma Mère* et *les Saltimbanques* où M. et Mme *Arthur* dansent la *Cachucha*.

Dans cette soirée d'adieux, un acteur chanta *La Stéphanoise de 1838*, due à la plume mirlitonesque de M. Aimé Jovial.

LA STÉPHANOISE DE 1838

Sur l'air de « *Verse encore !* »

REFRAIN

Stéphanois
Gais, bons, francs ou matois
Vous servez, c'est notoire,
Et l'amour et la gloire,
Vos rubans, si frais, si délicats,
Brillent sur des appâts,
Vos armes aux combats.

Dans votre canton,
Il se trouve des diables,
Qui vont chez *Pluton*
Vous chercher le charbon.
Ici, maint tendron,
Fait des tissus aimables.
On trouve en ces lieux,
Pour l'enfer et les cieux.

Route de Paris,
Tu deviens magnifique,
Des maisons de prix
Remplaçant les taudis.
Le long des logis,
Une clarté magique,
Brille chaque soir,
C'est admirable à voir.

Là, d'un monument,
A brute couverture,
Paraît au passant,
Le massif imposant.
Il serait charmant
Surmonté d'un Mercure
S'élançant d'un bond,
D'un ample cadran rond.

Hélas ! Montbrison
A de l'inquiétude,
Est-ce avec raison ?
N'est-ce qu'une chanson,
D'avoir un coup bien rude,
Que son voisin
Lui donne un beau matin.

Notre rôle d'historien fidèle, nous oblige à relater que ces vers obtinrent un certain succès. *Dura veritas, sed veritas.*

Le public fut satisfait de *M. Annel*, et surtout de son zèle désintéressé à rompre en plein triomphe des représentations à Valence, pour revenir à Saint-Etienne, ainsi qu'il l'avait promis.

On fit un reproche immérité à la Direction, celui de ne pas représenter quelques opéras. Mais pouvait-on

convenablement, sur vingt pieds carrés, déployer le luxe
que comportent *la Juive, les Huguenots*, et tous les
opéras en vogue ? Comment M. Annet pouvait-il, malgré
toute sa bonne volonté, monter sans subvention *la Juive*,
quand à Lyon la direction *Provence*, y avait dépensé
40.000 francs ?

Le 26 mai 1838, rentrée de *M. Annet* qui présente aux
Stéphanois une troupe composée de 20 personnes, entre
autres *MM. Roche*, premier rôle ; *Arthur*, comique ;
Mmes Benard et *Annet*.

On débute par *la Famille de l'Apothicaire, le Bravo* ou
la Vénitienne, Chapolard ou *le Lovelace dans un grand
embarras*, et on continue par une série de représentations
données par Achard, acteur du Palais-Royal, dont la *Vis
comica* dans *Stradella, Tili et Couturier, Bruno le Fileur*,
fait épanouir le rire sur le visage de tous les spectateurs.

Ce comédien si populaire, fait accourir tous ceux de
nos concitoyens qui avaient encouragé ses premiers pas,
lorsqu'il débutait sur notre scène en 1829, avec l'humble
emploi de second comique.

Il nous faut relater à l'occasion du passage *Achard*,
un incident qui souleva à cette époque de nombreux
cancans, et d'incroyables gorges chaudes.

A la dernière scène de *Bruno le Fileur*, quand
Mme Bruno, comprenant le rôle ridicule que joue son
mari, au milieu d'un monde tout nouveau pour un
nouvel enrichi, lui propose d'aller vivre à la campagne,
Couturier (Achard) embrasse son ami *Bruno* et s'écrie :
« Oui, partons pour Saint-Ouen, nous y fumerons des
cigares, nous pêcherons à la ligne, nous nous donnerons
toutes les jouissances de ce monde à faire envie aux
Dieux de l'Olympe, et *même à Monsieur notre Sous-
Préfet*. »

Beaucoup de gens prirent cela pour une personnalité,
et il faut le reconnaître, ils étaient fondés à le croire,
car jusqu'ici *Achard* avait toujours omis ce membre de
phrase, bien qu'il fût dans la pièce.

Les débuts interrompus par la venue d'*Achard*,

reprennent avec les pièces intitulées *Angèle, la Maîtresse de langues, Thérèse la blonde, Nestor le Coiffeur*, et *Mme Galochard*.

La supériorité de l'avant-dernière troupe avait rendu le public exigeant ; aussi, le dimanche 17 juin 1838, siffla-t-on à outrance *Mmes Benard* et *Oswald* dans *les Enfants d'Edouard*.

Devant ces marques d'hostilité, ces deux artistes résilient séance tenante leurs engagements.

Voulant faire oublier ce fâcheux contre-temps, M. *Annel* traite avec M. *Delacroix*, premier sujet des théâtres royaux de Bruxelles.

On donne, en attendant son arrivée, une pièce au titre peu flatteur : *la Carmagnole* ou *les Français sont des farceurs !*

M. *Delacroix*, secondé admirablement par Mlle *Desmard*, interprète de magistrale façon *Antony* et *la Tour de Nesles*, où cet artiste remplit le rôle de *Buridan*, et Mme *Francisque* celui de *Marguerite de Bourgogne*.

Pour faciliter les représentations de M. Delacroix, on engage pour une quinzaine M. *Francisque*, premier rôle à Lyon, et avec le concours de M. *Delacroix*, on fait passer *le Riche et le Pauvre, Être aimé* ou *mourir*.

Mais le mois de juillet n'est guère favorable aux recettes ; aussi faut-il tout le talent de *Delacroix*, tout celui d'*Arthur* et de *Francisque*, et tous les efforts de Mlle *Desmard* pour attirer, sinon un public nombreux, du moins choisi.

La troupe du Gymnase *Castelli*, du théâtre royal de l'Odéon à Paris, composée de trente petits acteurs et danseuses, venant de Strasbourg et se rendant à Marseille, exécute le 5 août 1838, un ballet-pantomime intitulé *les Indiens*. Elle donne encore *Riquet à la Houppe* ou *le Gouverneur de l'Ile Verte*, vaudeville-féerie en un acte, *le Pas des trois Grâces, le Ballet des Génies* et *les Sylphides*.

Cette troupe enfantine fait fureur, la salle ne désemplit pas durant les quatre représentations qu'elle offre au public stéphanois. Toutes les places sont l'objet d'un siège en règle, on refuse du monde, c'est un succès sans précédent.

Les chroniqueurs d'alors ne trouvent pas de termes assez élogieux à adresser à ces mignons et gentils acteurs. *Ils dansent comme des anges*, dit l'un d'eux.

Qu'ajouter à de tels compliments, sous peine de les diminuer?

Notre théâtre sert à *toutes* les manifestations artistiques, littéraires, gymnastiques et physiques, témoins les lutteurs des *Arènes* de Nîmes, les nommés *Mazard*, *Petit Jean* et *Claudius*, qui viennent le 30 août 1838, faire admirer la beauté de leurs torses et la vigueur de leurs biceps, dans des luttes homériques, avec des champions de l'endroit tels que : *Roche*, le rempart de la Haute-Loire, *Félix*, le géant des Cévennes, et *Bertrand* l'invincible.

Saint-Etienne en 1838, sous le rapport athlétique, devançait donc nos music-halls contemporains.

L'esprit succède à la matière, et notre scène, plus surprise que charmée par ces assauts de force, se ranime et retrouve avec *Ligier*, l'enthousiasme que *M*me *Dorval* y avait produit.

L'illustre artiste reprend l'émotion dramatique où la grande actrice l'avait laissée, en se faisant le merveilleux interprète, le 16 septembre, d'*Hamlet*, le 18, d'*Othello*, le 20, des *Enfants d'Edouard*, et le 28, de *Louis XI*, pièce dans laquelle *Ligier* s'élève aux plus hauts sommets de l'art.

Une foule immense s'empresse de donner au grand tragédien les témoignages les plus flatteurs de sa sympathie et de son admiration.

Aussi, vives sont-elles les récriminations de nos concitoyens qui ne peuvent pénétrer dans le théâtre, faute de place. On a beau protester contre l'exiguité de la salle de spectacle, on a beau pétitionner, la municipalité ne veut rien entendre des plaintes de ses administrés.

Ligier parti, la direction traite pour une représentation avec *Arnal,* l'un des noms les plus populaires qui soient au théâtre.

Avec Arnal (qui se dérobe pour un jour aux applaudissements des Lyonnais), c'est l'insouciance et le rire incarnés, qui prennent possession de notre scène.

Il paraît le 7 octobre, dans *Renaudin de Caën* et *le Cabaret de Lustucru,* et y provoque de frénétiques transports de folle gaieté.

Arnal, c'est le type de la farce, il varie ses effets, comme on varie un costume. Sa voix a un timbre aigu qui se fait entendre comme un cri bizarre, et puis il a trouvé un comique si sérieux, qu'il est impossible de résister à cet état de mélange inconnu jusqu'à lui, et qui pousse toute une salle à des éclats de rire capables de dérider le front le plus soucieux. Il soulève de tous côtés un rire extravagant, inconnu, qui éclate comme une solennelle protestation contre toute raison, comme l'écrit *Eugène de Mirecourt*, dans ses *Contemporains.*

Arnal est en même temps un poète, et le plus lettré des comédiens de son temps. Voici une fable qui donnera un aperçu sur sa manière de parler dans la langue des Muses :

L'ÉCOLIER ET LE PASSANT

Un jour au sortir d'une école,
J'aperçois un enfant qui crie et se désole ;
Je m'approche de lui : Mon enfant, qu'avez-vous ?
Ah ! j'ai l'âme bien chagrinée,
Me dit-il, j'ai perdu la pièce de dix sous
Que ma mère m'avait donnée.
Cessez mon bon ami de vous désespérer,
C'est un petit malheur, facile à réparer,
Tenez, voici pour vous une semblable pièce.
Eh bien ? qu'avez-vous donc ? encore du chagrin ?
L'enfant sourit d'abord, puis reprend sa tristesse.
Hélas ! Monsieur, dit-il, voilà pourquoi je pleure,
Si je n'avais pas tout à l'heure
Perdu dix sous, j'en aurais vingt.

Notons encore une amusante histoire que s'attire *Arnal* avec *M. Bruet*, huissier-audiencier, boulevard du Temple, 47, à Paris, au sujet du vaudeville *le Mari de la Dame de Chœurs*. *M. Bruet* cherche à établir qu'*Arnal* aurait contrevenu aux décrets des 16 et 24 août 1790, 19 janvier 1791, 14 août 1793, 11 germinal an VI, à la loi du 9 septembre 1835, enfin !! pour avoir ajouté des *expressions insultantes* et *diffamatoires* aux belles pages du vaudeville dont il s'agit, lesquelles expressions insultantes et diffamatoires consistent en ces mots : *Ces gueux d'huissiers.*

Arnal répond ainsi :

« Saint-Etienne, 7 octobre 1838.

« A Monsieur Bruet, huissier-audiencier,
    « boulevard du Temple, 47, Paris.

« J'ai reçu un peu tard votre lettre du 19 septembre,
« et puisque vous avez jugé à propos de l'adresser au
« public, par la voie des journaux, vous ne trouverez
« pas mauvais que j'use du même procédé pour ma
« réponse.

« Je crois même que cela rentrera parfaitement dans
« vos vues, en ce sens que ce sera pour votre étude deux
« réclames au lieu d'une.

« Vous m'adressez un reproche, dont je tiens essentiel-
« lement à me laver, parce que c'est le plus sensible que
« vous puissiez faire à un acteur. Vous m'accusez d'avoir
« sali une des belles pages du *Mari de la Dame de
« Chœurs,* en ajoutant de mon chef ce que vous appelez
« des expressions insultantes.

« Ah! Monsieur l'huissier, vous me connaissez bien
« mal ; je dois trop à nos auteurs, pour me permettre
« de les traiter ainsi, et ce n'est pas moi qu'on a jamais
« pu inculper d'ajouter ou de retrancher quoique ce soit
« à leurs belles pages. J'ai trop de respect pour mes
« classiques.

« Je vous engage donc, pour toute réponse, à relire
« l'onzième scène du *Mari de la Dame de Chœurs*, vous
« verrez ces mots : parlant à ma personne comme disent
« ces *gueux d'huissiers*. Ils ont été non seulement écrits
« par les auteurs, mais *même* approuvés par la *censure*.

« Et cependant vous dites, qu'en lisant la pièce atten-
« tivement, vous n'y avez pas trouvé cette expression
« diffamatoire. Ma foi, si vous ne lisez pas mieux les
« actes de vos dossiers que les actes de nos pièces,
« je plains sincèrement vos clients.

« Voilà plus de cent fois que nous jouons le *Mari de*
« *la Dame de Chœurs*. Une foule d'huissiers, gens d'esprit,
« j'allais dire de vos confrères, ont toujours ri de cette
« phrase, qui vous met en courroux. Ils n'ont vu là,
« ainsi que nous, qu'une plaisanterie sans conséquence.
« Mais pour y trouver une diffamation, permettez-moi de
« vous le dire, Monsieur l'huissier, il faut en vérité avoir
« l'esprit aussi timbré que le papier dont vous vous servez
« dans votre étude.

« J'ai bien l'honneur de vous saluer,

« ARNAL, acteur du Vaudeville. »

La polémique en resta là, un ami charitable étant
parvenu à faire comprendre au bon *M. Brunel*, le
chatouilleux huissier, qu'il se couvrait d'un ridicule
indélébile.

Le 17 février 1839, reprise de possession de notre
théâtre par *M. Annel*, qui s'assure pour sa rentrée le
concours de *Mme Dolorès* et de *Campruri*, danseurs
espagnols, qui reviennent d'une tournée en Italie, et qui
gagnent Lyon, où ils sont engagés pour dix représentations.

Ces deux artistes initient les Stéphanois aux grâces
voluptueuses et capiteuses de la chorégraphie espagnole.

Olé ! olé ! les *Fandangos* incendiaires, les *Cachuchas*
enivrantes, et les *Boléros* passionnés, olé !

Il nous semble entendre le bruit des castagnettes. C'est la danse espagnole, vive, souple et ardente, qui fait florès en notre cité.

Ces charmants danseurs exécutent aussi la *Rondola*, qui est une danse les plus animées de la Péninsule ibérique, et à ce spectacle s'ajoutent deux pièces : *For l'Evêque* et *Mathias l'Invalide*.

La danse a de tout temps exercé à Saint-Etienne une véritable séduction et constitué un attrait irrésistible, que les années n'ont point affaibli même de nos jours ; aussi notre population vint-elle en foule applaudir la séduisante ballerine qui nous fait songer aux vers de *Théophile Gautier* :

> Un jupon serré sur les hanches,
> Un peigne énorme à son chignon,
> Jambe nerveuse et pied mignon,
> Œil de feu, teint pâle et dents blanches,
> Alza ! Ola !
> Voilà
> La véritable Manola

La troupe de *M. Annel* est singulièrement médiocre, aussi nombreux et violents sont les sifflets pendant la représentation des *Deux Maçons*.

Le tumulte est si grand, qu'il nécessite l'intervention du commissaire de police, qui arrête un élève de l'Ecole des Mines, qui menaçait de pourfendre de son épée quiconque oserait porter sur lui une main profane.

A la suite de cette algarade juvénile, que certains se plurent à grossir et à envenimer, le directeur de l'Ecole des Mines prit un arrêté interdisant à ses élèves le port de l'épée, qui ne fut rétabli qu'en 1847.

Cette décision du directeur souleva alors parmi nos étudiants mineurs un vif mécontement qui se traduisait chaque soir de représentation, par des apostrophes et des cris d'animaux, à l'adresse des acteurs.

Aussi, la situation n'étant plus tenable, *M. Annel*, qui avait pourtant de beaux états de service, abandonne la direction et passe la main, le 2 juin, à *M. Celicourt*, qui avait déjà dirigé notre scène en 1830.

La troupe composée de MM. *Celicourt* fils et *Vignal*, comme premiers sujets, de Mmes *Dangin* et *Clotilde Ballauris*, du théâtre de Gand, se ressentit de la rapidité avec laquelle elle fut formée. Il serait préférable de ne point en parler, si elle n'avait donné la réplique à une actrice d'un grand talent *Jenny Vertpré*, qui obtint un légitime succès le 7 juin, dans *le Mariage de Raison*, *la Challe, Zoé, Jeune et Vieille*, Mlle *Nichon*, enfin dans les *Premiers Amours* et *la Pie Voleuse*.

Malgré une chaleur intense, le théâtre fut plein, durant tout l'espace de temps que la sémillante *Jenny Vertpré* resta à Saint-Etienne.

Une de ses admiratrices, Mlle Clara-Francia Mollard, lui adresse les vers suivants que notre impartialité nous fait un devoir de reproduire :

A JENNY VERTPRÉ

Il faut que tout s'efface en passant sur la terre.
Le soleil doit parfois nous voiler sa beauté,
L'hiver l'oiseau n'a pas ses accents de l'hiver,
Tout doit finir ici, c'est la loi, le mystère.
C'est triste de penser que la voix doit se taire,
Que l'œil doit se fermer en voyant la clarté,
Que l'homme doit aller... où ? dans l'éternité,
Et qu'on l'oublie avant qu'un fossoyeur l'enterre.
Mais toi, perle de l'onde, étoile, lys de miel,
Echo mélodieux, alouette du ciel,
Fée aux pieds plus petits que la feuille de rose.
O toi que Dieu créa de ses plus douces choses
Le rayon de tes yeux luit toujours sur nos pas,
Si la fleur se flétrit, l'ange ne change pas.

Relevons à côté du nom de *Jenny Vertpré*, celui de *M. Lafont*, qui paraît dans les deux représentations de clôture d'une saison théâtrale, qui a duré le temps d'une saison d'eau, exactement vingt et un jours.

A cette époque un Stéphanois à la plume railleuse fait distribuer à profusion, dans les rues de Saint-Etienne, le pamphlet suivant, sur notre théâtre.

ARRÊTÉ

Nous, maire de la ville de *Sifflepolis*,

Vu le décret impérial de Moscou sur le théâtre Français;

Vu le cirque de Maxime et le théâtre Pompée, à Rome ;

Vu le théâtre de Séraphin, à Paris, les théâtres de la Scala, de Polenza, etc. ;

Vu le théâtre de Bordeaux, très beau, le théâtre de Saint-Etienne en Forez, très laid.

Nous, susdit maire de *Sifflepolis,* tenant à l'honneur de donner au théâtre, à l'art et aux artistes de la ville, un témoignage non équivoque de notre munificence modèle, et de notre sollicitude éclairée,

Arrêtons ce qui suit :

ARTICLE PREMIER

Le théâtre de Sifflepolis sera éclairé à l'huile. La salle sera ornée d'un lustre en cristal à deux ou trois rangées de quinquets, le tout aux frais du directeur.

ARTICLE 2

Le maire protecteur né du théâtre, aura sa loge à l'année qu'il ne paiera pas.

ARTICLE 3

De bons acteurs, de bons chanteurs, un joli répertoire, une bonne troupe de comédie, de vaudeville, de drame et d'opéra, ne sont pas rigoureusement nécessaires dans la ville de *Sifflepolis*, et l'autorité municipale n'y tient pas.

Mais, attendu que la représentation est plus gaie, et le coup d'œil plus agréable lorsqu'une salle de spectacle est remplie de spectateurs, et qu'on voit dans les loges beaucoup de dames ; attendu, en outre, qu'à *Sifflepolis*, les dames tricotent, et ne vont pas au théâtre dans l'intérêt de l'art et des artistes, il sera pris les mesures ci-après :

ARTICLE 4

Pour suppléer à l'absence des dames, tous les jeunes gens de 16 à 20 ans, d'une figure honnête et gracieuse, qui voudront s'habiller en femmes, seront reçus et admis dans les loges avec les égards dus au sexe aimable qu'ils représenteront.

Dans l'intérêt de la morale publique, le commissaire de police veillera à ce que les susdites dames n'aient ni barbe, ni bouc, ni moustaches.

ARTICLE 5

Les mères de famille qui assisteront à la représentation, avec trois enfants au moins, recevront à la caisse, un bon payable en poupées, pantins ou polichinelles du magasin de *M. Rouslan Graffigna*.

ARTICLE 6

Les pères de famille qui se présenteront avec le même nombre d'enfants, recevront une pipe à l'effigie du chien de Montargis.

ARTICLE 7

La troupe dramatique de Sifflepolis pourra faire sa résidence à Chambéry.

Pour copie conforme :

Le Maire de Sifflepolis.

La ville fait des offres à M. *Annet,* qui conserve la direction, en cédant aux pressantes sollicitations de la municipalité.

M. *Annet,* dont les aspirations sont grandioses et peu en rapport avec les moyens dont il dispose, rêve de transformer le théâtre, et il y parvient en partie, en changeant d'abord les appareils d'éclairage et en restaurant toute la salle. Il achète un superbe lustre chez M. *Clémençon,* fournisseur des théâtres royaux, et débute en faisant jouer par sa troupe mixte de comédie et d'opéra, qui est d'ailleurs excellente, *Trop Heureuse, un Concert à la Cour,* opéra en un acte, d'Auber.

Cette représentation vaut un véritable triomphe à M. *Moiroud* et à Mlle *Alix Hurtaux,* une timide jeune fille qui n'a pas encore 16 ans et qui aborde la scène pour la première fois.

Le public est délicieusement surpris de la métamorphose de la salle qui n'est plus reconnaissable.

L'ancien lumignon a été remplacé par un véritable lustre plein d'élégance et de bon goût. La salle est parfaitement éclairée et, grâce aux réparations, a un air de fraîcheur et de propreté dont on était depuis longtemps privé. La couleur des loges est claire et fait admirablement ressortir les toilettes féminines.

La musique du 56e de ligne forme l'orchestre pour accompagner *le Rossignol,* grand opéra, *le Postillon de Lonjumeau,* et *la Dame Blanche.*

La série des représentations, 8 septembre 1839, continue par Mlle *de Belle-Isle, Maria, Vouloir c'est Pouvoir, la Marquise de Senneterre,* comédie en 3 actes du Théâtre Français *l'Avocat Loubet, le Domino Noir,* 6 octobre, opéra qui fait refuser plus de 400 places, le *Spectacle à la Cour, Pourquoi* avec *Bernard Léon,* premier rôle du Gymnase à Paris, les *Visitandines,* 13 octobre, opéra en 2 actes, et l'*Article 960,* vaudeville.

M. *Bernard Léon* recueille des applaudissements mérités dans *Pitote Colier, la Mansarde des Artistes, les*

Brodequins de Lise, Intérieur d'un Bureau, le Marquis en Page, le Coiffeur et le Perruquier et *Bal d'Ouvriers.*

Puis défilent : le *Père Pascal, la Grande Dame, le Nouveau Seigneur du Village,* opéra (18 novembre), *le Chien de Montargis, le Chalet, la Cinquantaine, l'Officier Bleu, le Barbier du Roi d'Aragon, les Enragés, le Brasseur de Preston,* opéra en 3 actes, musique d'Adam, 28 novembre. La représentation de cet opéra soulève quelques sifflets et on fait passer en simple police trois jeunes gens qu'on acquitte sur une spirituelle plaidoirie de M⁰ *Heurtier.* M. *Estivalèzes,* qui remplissait les fonctions de ministère public, en appelle à la Cour de cassation qui annule le jugement et renvoie les prévenus devant le tribunal de simple police de Saint-Chamond, qui les condamne *à deux jours de prison et cinq francs d'amende.*

Voilà des coups de sifflets qui coûtent cher à leurs auteurs.

La troupe de drame fait ses adieux le 20 décembre 1829, dans les *Belles Femmes de Saint-Etienne,* vaudeville en 3 actes, pièce qui n'est autre que les *Belles Femmes de Paris,* on change le titre pour attirer le public et le tour est joué.

La saison d'opéra se ponrsuit avec la délicieuse *Mlle Hurtaux,* M. *Foignet* et M. *Beaucourt,* qui chantent pendant le courant de janvier 1840, devant des salles à peu près vides à cause du froid rigoureux qui règne, *Jean de Paris, le Rossignol, Polichinelle,* et *Fra Diavolo.*

De nombreux acteurs parisiens et lyonnais, viennent à Saint-Etienne au commencement de 1840.

D'abord : M. *Rouvière,* de l'Odéon, qui joue avec le concours de Mme *Lefebvre,* jeune première du théâtre de Lyon, *l'Espionne Russe, l'Apprenti ou l'art de faire une Maîtresse, Quatre-vingt-dix-neuf Moutons et un Champenois,* et *la Fiole de Cagliostro.*

Ensuite : *Angélina Legros,* du Gymnase de Lyon, M. *David,* Mme *Darus,* du théâtre Français, et Mme *Provence* du théâtre Royal de l'Odéon, dont les noms ont le privilège d'amener au théâtre une foule *smart*, comme on dit de nos jours, pour entendre *Andromaque*, *Zaïre* et *Phèdre*, où le fameux *David* obtint un succès aussi colossal que son indifférence et son mépris du costume.

On raconte à ce sujet, dit M. Etienne Arago, des choses invraisemblables. « Devait-il paraître dans le premier acte de la première pièce, on le voyait se promener dans le jardin du Palais-Royal, quand dans la salle grinçait le premier coup d'archet de l'ouverture.

« Au moment où l'aiguille de sa montre marquait sept heures précises, il s'élançait vers le théâtre, arpentait l'escalier, se précipitait dans sa loge, et deux minutes lui suffisaient pour troquer ses vêtements de ville contre ceux de son personnage, ajuster sa perruque contre celle de son rôle.

« Il est vrai qu'il oublia plus d'une fois cette dernière évolution, et qu'il lui importait peu de se présenter en élégant moderne ou en chevalier avec des bottes souillées de boue ou de la poussière de la promenade. »

Le 26 mars, une troupe espagnole, qui veut imiter le couple *Dolorès-Campruri*, vient danser la *Cachucha*, *O'el Sarjenta* et *Bomba*, ballet-pantomime.

Comme toujours, l'affluence est considérable, malheureusement le spectacle n'est pas à la hauteur des aspirations du public qui manifeste son mécontentement par de violents sifflets, qui font bonne et prompte justice de ces danseurs de quatrième ordre.

M. Annet qui, en 1839, avait obtenu son privilège pour trois ans, donne sa démission, et c'est *M. Belcourt,* qui a laissé à Saint-Etienne de brillants souvenirs qui obtient la place de directeur, avec une subvention de 6.000 francs, l'éclairage au gaz, et 1.200 francs de premier établissement.

C'est la première fois que la ville se montre généreuse.

Le maire de Saint-Etienne prend, à la date du 12 juin 1840, l'arrêté suivant qu'il nous semble intéressant de reproduire en entier.

RÈGLEMENT SUR LA POLICE DU SPECTACLE

DU 12 JUIN 1840

Le Maire de la ville de Saint-Etienne,

Vu la loi du 24 août 1790, titre II, article 3, qui confie à l'autorité municipale le maintien du bon ordre dans les spectacles ;

Vu la loi du 19 janvier 1791, art. 6 et 7, et celle du 22 juillet de la même année ;

Vu l'arrêté du 1er germinal an VII, art. 2, 3, 4, 6 et 7,

ARRÊTE :

Article premier. — Le spectacle commencera toujours à l'heure désignée sur l'affiche, de cinq à six heures en hiver, de six à sept heures en été : il sera terminé en tout temps de dix à onze heures.

Art. 2. — Le directeur pourvoira à ce que la durée des entr'actes ne soit jamais de plus d'un quart d'heure, et l'intervalle d'une pièce à l'autre de plus d'une demi-heure, sauf le cas d'une décoration extraordinaire qui exigerait un plus long espace de temps.

Art. 3. — Lorsque la nature du spectacle exigera pour la décoration ou l'effet théâtral, des feux extraordinaires, tels qu'illuminations, artifices, décharges d'armes à feu, etc., le directeur sera tenu d'en avertir l'officier des gardes-pompiers, afin de prendre les précautions convenables pour prévenir tout incendie.

Art. 4. — Le directeur pourvoira également à ce que dans la saison où la salle doit être chauffée, les feux soient allumés deux heures avant l'ouverture de la salle.

Art. 5. — Les artistes et employés du théâtre sont tenus de se conformer au règlement intérieur affiché dans le théâtre et déposé à la Mairie.

Art. 6. — Le luminariste est tenu d'éclairer les corridors et l'intérieur de la salle, avant l'ouverture des portes ; il n'éteindra qu'après l'évacuation de la salle.

Art. 7. — Les gens de service sont tenus de venir au théâtre un quart d'heure avant l'heure indiquée sur l'affiche pour l'ouverture des bureaux.

Art. 8. — Nul employé ne doit quitter son poste avant la fin du spectacle.

Art. 9. — Les gardes-pompiers soldés par le directeur, sont tenus de se rendre au théâtre une demi-heure avant le lever du rideau.

Art. 10. — Un garde-pompier sera placé près de la pompe, un autre dans les coulisses, un autre au centre.

Art. 11. — Après le spectacle, le machiniste, accompagné d'un garde-pompier et d'une personne attachée à la police, fera la visite exacte de toutes les parties de la salle, pour s'assurer que personne n'est caché, et qu'il n'existe rien qui puisse faire craindre un incendie.

Art. 12. — Le départ des gardes-pompiers n'aura lieu qu'après la visite.

Art. 13. — Il devra en tout temps exister au théâtre, outre la pompe tenue en bon état, toutes les machines propres à éteindre le feu, telles que seaux à incendie, échelles, éponges et faulx placées au bout de grandes perches : un pont devra être établi au cintre, afin de pouvoir se porter facilement partout où besoin sera.

Art. 14. — Nul ne pourra garder ou faire garder une loge ou portion de loge, qui n'aurait pas été louée d'avance. Toutes places non occupées pourront l'être par ceux qui se présenteront ; à moins que des personnes voisines ou l'ouvreuse ne déclarent le nom de la personne absente qui les aurait priées de conserver leur place, en y laissant, suivant l'usage, un signe distinctif comme châle, mouchoir, chapeau, etc.

La place retenue cessera de l'être après le lever du rideau, et appartiendra au premier qui voudra s'y placer.

Art. 15. — Il est défendu : 1° de placer des chapeaux ou autres objets de toilette à l'extérieur des loges, de manière à gêner les spectateurs ; 2° de fumer en aucun temps dans la salle, les corridors ou le foyer, quand même le foyer serait un café ; 3° d'y introduire des chiens ; 4° d'entrer au parterre avec armes, cannes, etc. ; 5° de circuler ou parler à haute voix dans les corridors, pendant les représentations, de manière à troubler les spectateurs.

Il est défendu à toute personne qui ne serait pas employée par l'administration théâtrale, ou requise par la police, de s'introduire sur la scène pendant les représentations, ni pendant les entr'actes.

Art. 16. — Les sifflets, les signes d'approbation ou d'improbation sont défendus avant que le rideau soit levé, pendant la durée des entr'actes et après la fin de la pièce. Les cris : *à bas le chiffon! à bas la lorgnette!* et tous les autres, sont absolument défendus.

Art. 17. — Les personnes qui se permettraient une tenue indécente, seront invitées par le commissaire de police à s'en abstenir ; et, sur leur refus, pourront être expulsées de la salle, où leur présence trouble la tranquillité.

Art. 18. — Si les cris et sifflets se prolongeaient, nonobstant l'avertissement du commissaire de police, pendant la représentation et semblaient prendre le caractère d'une cabale, il en sera référé à l'autorité, qui ordonnera, s'il y a lieu, de faire cesser le spectacle, sans préjudice des peines à prononcer contre les moteurs, auteurs ou instigateurs du trouble.

Art. 19. — Il ne sera point donné lecture des billets jetés sur le théâtre.

Art. 20. — Les chants nationaux demandés par le public seront chantés à la fin du spectacle, si l'autorité le juge à propos.

Art. 21. — Il n'y aura au théâtre qu'une garde extérieure ;

elle ne pourra pénétrer dans la salle que par ordre de l'autorité. Tout citoyen est tenu d'obéir provisoirement à l'officier de police et, sur son invitation, de se rendre avec lui au bureau de police, pour donner des explications qui lui seraient demandées (loi du 19 janvier 1791).

Art. 22. — La sentinelle placée à l'extérieur de la salle est tenue de dissiper les groupes qui se forment devant le théâtre et gênent la libre circulation des spectateurs.

Art. 23. — Les commissaires de police et les agents sont chargés de l'exécution du prochain jugement.

M. Belcourt, qui s'est adjoint *M. Colelle* comme sous-directeur, se met immédiatement à l'œuvre, fait repeindre le théâtre, agrandir l'amphithéâtre des premières réservées, des loges fermées sur les deux côtés, et numéroter les stalles de parquet.

L'apparition de l'éclairage au *gaz* produisit une vive impression sur les spectateurs, qui ne se lassaient pas d'admirer le nouveau *luminaire,* composé de quinze becs de gaz et de douze becs de bougies, placés sur l'avant-scène.

La flamme était tamisée par des globes en verres dépolis, qui permettaient au public de la supporter sans fatigue, en la rendant d'une douceur extrême.

La foule étonnée n'en croyait pas ses yeux habitués au vacillement, à la fumée, et à la lumière crue des anciens quinquets ; aussi ne craignons-nous pas de dire que ce fut en notre théâtre, une véritable *révolution* qui souleva l'enthousiasme général de nos concitoyens.

MM. Belcourt et *Colelle* recrutèrent, pour cette rentrée triomphale, une troupe lyrique et dramatique de vingt-sept personnes, plus un chœur composé de 8 hommes et de 8 dames, deux chefs d'orchestre et un peintre-décorateur.

Quant aux prix des places il varie légèrement : *premières loges fermées,* 2 fr. 50 ; *stalles numérotées,* 2 fr. 50 ;

baignoires d'avant-scène fermées, 2 fr. 25; *premières loges,
et amphithéâtre*, 2 fr.; *parterre*, 1 fr.; *troisièmes*, 75 centimes.

C'est donc dans une salle qui a pris un certain
caractère de coquetterie dont on ne la croyait pas
susceptible, que se font les débuts, le 5 juillet 1840, par
Robert le Diable, la Muette de Portici et *la Juive*.

Pendant ce temps, *Rachel* se trouvait en représentation à Lyon où elle obtenait le plus grand et légitime
succès chaque soir ; quatre ou cinq heures avant
l'ouverture du Grand-Théâtre, les abords étaient envahis
par une foule avide d'entendre la grande tragédienne.

Saint-Etienne, lui aussi, voudrait bien posséder, ne
serait-ce qu'une soirée, cette incomparable actrice.

Le directeur entame alors des négociations avec
Rachel, qui demande 1.500 francs pour jouer en notre
ville. On fait circuler des listes de souscription, et au
lieu de 150 signatures demandées, on en trouve plus de
200, au grand honneur des Stéphanois.

Rachel viendra à Saint-Etienne.

Pendant qu'un public anxieux attend son arrivée,
Déjazet, la Frétillon de Béranger, *Déjazet*, la rieuse fille
de Dominique, *Déjazet*, l'égrillarde comtesse du Tonneau,
Déjazet, Louis XV faisant des beignets, faute de mieux
faire avec les filles d'honneur, *Déjazet*, la spirituelle
actrice aux jupons courts, à la jambe effilée, au mot
leste et décolleté comme sa fine taille, débarque à Saint-
Etienne et joue, le 31 juillet, devant une salle comble, les
Premières Armes de Richelieu, un de ses plus beaux
triomphes dramatiques.

Le lendemain 1er août, *Déjazet*, la soubrette lyonnaise,
qui portait si bien le costume masculin, qu'elle fit dès
lors sa spécialité de ces sortes de rôles dits *travestis*,
donne *Charlemagne* et *Indiana* où elle obtint, comme la
veille, un merveilleux succès.

Bon nombre de personnes qui n'avaient pu trouver
de places à ces deux représentations, demandèrent à la
direction de retenir *Déjazet*. *M. Belcourt* fut impuissant
à décider l'excellente comédienne à rester encore un

jour parmi nous et, à regret, on vit cette *étoile filante* se diriger vers Lyon, où l'appelaient des engagements antérieurs.

Jamais l'exiguité de la salle de spectacle n'avait provoqué un si grand *tolle*, que pendant le passage de *Déjazet* sur notre scène. Aussi, ne cesse-t-on de réclamer une salle de spectacle plus en rapport avec l'accroissement constant de la population ; on ne demande à cette époque que de *l'eau et un théâtre*, traduction libre du fameux *Panem et circenses*.

En principe, *Rachel* ne devait pas venir à Saint-Etienne, mais ayant appris que *Jules Janin* était Stéphanois, lui qui avait su l'encourager à ses débuts, alors que certains journaux la raillaient, elle n'hésita plus et écrivit au Maire de Saint-Etienne la lettre suivante :

« Monsieur le Maire,

« Mes engagements avec le *Théâtre Français* me « laissent encore quelques jours de liberté ; je vais en « profiter, pour me rendre aux vœux de la population de « Saint-Etienne.

« Agréez, etc...   RACHEL. »

A cette place, il nous semble utile de reproduire les lignes qu'écrivit notre compatriote *Jules Janin*, dans le journal des *Débats* du 1ᵉʳ mai 1837, sur les débuts de Rachel dans la *Vendéenne*, vaudeville représenté au Gymnase, à l'instant où personne ne pouvait se douter de l'avenir réservé à la jeune débutante.

« Dans cette pièce, dit *Janin*, l'auteur ne voulait pas seulement faire un drame, il voulait encore produire un enfant nouveau-né dans le drame, une petite fille de 15 ans, nommée *Rachel*.

« Rachel joue avec beaucoup d'âme, de cœur, d'esprit et très peu d'habileté. Elle a naturellement le sentiment du drame qu'on lui confie, et pour le comprendre, son intelligence suffit ; elle n'a besoin des leçons et des conseils de personne.

« Nul effort, nulle exagération, point de cris, point
de gestes, une grande sobriété dans tous les mouvements
de son corps et de son visage. Rien qui ressemble à la
coquetterie, mais au contraire quelque chose de brusque
et de hardi, de sauvage même dans le geste, dans la
démarche, dans le regard, voilà *Rachel*. Cette enfant qui
a la conscience de la vérité dans l'art, s'habille avec une
scrupuleuse fidélité de costume, sa voix est rauque et
voilée, comme la voix d'un enfant, son pied est comme
sa main, peu formé encore ; elle n'est pas jolie, mais elle
plaît. En un mot, il y a un grand avenir dans ce jeune
talent. »

Jules Janin continue ainsi dans le même journal, aux
dates des 10 et 27 septembre 1838 :

« Il y a tantôt un an, Mlle *Rachel* débutait au *Gymnase,*
et moi à peu près seul, je disais que c'était là un talent
sérieux, profond, un avenir sans bornes ; on ne voulut
pas me croire cette fois, on me dit que j'exagérais. A
moi seul, je ne pus soutenir cette petite fille sur le
théâtre. Quelques jours après son début, l'enfant disparut
du Gymnase, et moi seul peut-être j'y pensais, quand
tout d'un coup, un an après elle reparut au *Théâtre
Français* dans les tragédies indestructibles de *Corneille,*
de *Racine* et de *Voltaire.*

« Cette fois, l'enfant fut écoutée, encouragée, applaudie, admirée. Elle était entrée dans le seul drame qui
fut à la taille de son précoce génie. En effet, quelle chose
étrange ! Une petite fille ignorante, sans art, sans apprêt,
qui tombe tout à coup au milieu de la vieille tragédie qui
souffle vigoureusement sur les augustes cendres, et qui
en fait jaillir la flamme. Oui, cela est admirable, et notez
bien que cette enfant est petite, assez laide, point de
poitrine, l'air vulgaire, la parole triviale. Ne lui demandez
pas ce que c'est que *Tancrède, la Guerre de Troie,
Pyrrhus, Hélène ?* Elle n'en sait rien, elle ne sait rien.
Mais elle a mieux que la science, elle a le souffle
inspirateur, elle a la passion.

« A peine sur le théâtre, elle grandit de dix coudées, elle a la taille des héros d'*Homère*, sa tête se hausse, sa poitrine s'étend, son œil s'anime, son pied tient à la terre en souverain, son geste c'est comme un son venu de l'âme. Sa parole vibre, au loin toute remplie des passions de son cœur.

« Le parterre ému et charmé, prête une oreille ravie à ce divin langage des beaux vers, dont nous sommes privés depuis la mort de Talma, et il s'abandonne loyalement à toute la puissance des grands poètes, l'honneur de la France, l'orgueil de l'esprit humain.

« Laissez-la donc grandir cette petite fille, qui accomplit ainsi une révolution sans le savoir, laissez venir à côté d'elle quelque jeune homme inspiré comme elle, et nous allons échapper tout à fait à ce drame de hasard, à ces convulsions galvaniques, à ce dialogue effréné, à cette licence sans contre-poids, et les vrais Dieux du monde poétique vont revenir et nous allons voir se rallumer le flambeau éteint de *Racine* et de *Corneille*.

« A elle seule, cette pauvre enfant remplit la salle du *Théâtre Français*. A peine ce nom éclos d'hier, est-il sur l'affiche à côté des noms glorieux de *Corneille*, de *Racine*, de *Voltaire*, etc., que voici de toutes parts accourir tous les amis du grand art dramatique, âmes timorées, nobles esprits fins et délicats, qu'avait mis en fuite le drame moderne. Ce jour-là le *Théâtre Français* prend un air de fête, ce jour-là disparaissent de cette scène profanée tous les futiles accessoires d'un art impuissant, meubles, palais, costumes, armures, écharpes, frivolités et broderies misérables. Seule reste la poésie véritable enveloppée dans son haillon de pourpre, mal logée dans son palais antique ouvert à tous les vents, mal chaussée de sa vieille sandale ; mais sous ces haillons, dans cette masure, entourée de ces licteurs édentés, si belle, si puissante, si grande, que nul n'a pensé à lui demander pourquoi donc elle n'a pas à son service, comme son frère adultérin le drame, une armée de dessinateurs, de tailleurs, de ciseleurs, de fabricants de fausses clefs.

« *Rachel* a quelque chose de plus que la science, elle a l'inspiration. Elle a apporté en naissant ce quelque chose divin, *mens divinior,* qui fait la poésie.

« C'est elle qui a pénétré la première et sans que personne la guidât dans ces merveilleux secrets de la tragédie classique.

« Quand elle se trompe, son erreur est à elle; quand elle s'élève au plus au point où puissent s'élever l'amour, la haine, la frayeur, son triomphe lui appartient. Elle dédaigne les sentiers frayés, elle fait mieux, elle ne les connaît pas. Souvent le vieux tragédien qui joue avec elle, habitué qu'il est à une certaine mélopée notée à l'avance, s'arrête éperdu et presque épouvanté du mot nouveau que cette enfant lui jette et qui s'illumine tout à coup d'une clarté inaccoutumée autour d'elle, toutes les traditions sont dépassées, tous les gestes indiqués depuis cent ans sont désertés. Et ne demandez pas à *Rachel* d'indiquer à l'avance ce qu'elle veut faire, elle n'en sait rien, elle ne peut rien prévoir ; il faut que le mouvement qui la retient ou qui l'emporte parte spontanément. Aussi bien quand elle joue, acteurs et spectateurs sont-ils dans l'éveil et l'attente.

« Elle est comme la pythonisse de *Virgile*, d'abord pâle, mourante, affaissée sur elle-même, assez mal faite, figure triviale, les bras pendants, le corps plié en deux, jeunesse sans fraîcheur, mais tout à coup quand le Dieu arrive, *Deus ecce Deus*, soudain, toute cette nature anéantie se relève et s'anime, le feu monte de l'âme au regard, le cœur bat violemment dans cette poitrine dilatée, le souffle en sort puissant, irrésistible, toute cette personne s'embellit outre mesure, et alors regardez-là, est-elle assez belle ? Quelles poses, quelle taille, quels bras ! On la prendrait pour une de ces statues antiques sans noms d'auteurs, à demi-ébauchées, mais si belles que nul ne serait assez hardi pour vouloir donner un coup de ciseau de plus à ce marbre informe. Et tant qu'on lui parle, tant qu'on excite sa passion, elle est ainsi tout entière occupée, cœur, âme, esprit, regard, des pieds à la tête ; rien n'est plus grand que cette *Camille* indomptée. »

Aussi quand *Rachel* parut le 21 août 1840, la salle de notre théâtre offrait-elle un coup d'œil magique. La plus haute société s'y était donné rendez-vous, pour venir entendre la voix de l'illustre tragédienne.

Et dire qu'il y avait à peine onze ans que *Rachel*, presque enfant de notre cité, habitait en rue *Neuve* une petite boutique que tenaient ses humbles parents, dont le père était colporteur et la mère marchande à la toilette.

Rachel a donc vécu en 1829 à Saint-Etienne, dont elle a respiré l'air enfumé et charbonneux. Aussi n'était-elle point effrayée de nos mille bruits cyclopéens auxquels s'était familiarisée son oreille enfantine.

Voilà, pour notre part, ce qui nous explique ce sentiment indéfinissable de curiosité qui la préoccupa et qui la poussa à venir en notre ville.

Le souvenir de *Janin* fut assurément pour quelque chose dans sa visite, mais plus grand encore fut le souvenir de ses jeunes années, qui incita *Rachel* à paraître sur notre modeste scène.

L'accueil fait à *Rachel* par les Stéphanois ne le céda en rien à celui des Lyonnais. Après dix années d'absence, l'admirable interprète de *Racine*, de *Corneille*, rentra en triomphatrice dans notre cité populeuse, où elle avait séjourné obscure et ignorée de tous.

Rappelée après la représentation des *Horaces et des Curiaces*, où elle eut comme partenaire *David*, et trois acteurs des théâtres Lyonnais, elle fut accueillie par une pluie de fleurs dont nos élégantes se montrèrent prodigues.

Des bravos prolongés encore après sa sortie témoignèrent des sensations inoubliables que nos pères ressentirent.

Le soir de cette fameuse représentation des *Horaces*, si nous en croyons les mémoires de jadis, un des artistes qui donnait la réplique à *Rachel* ne sachant pas son rôle,

avait eu la sage précaution de cacher la brochure de la
tragédie sous sa toge romaine. En sorte qu'il lui suffisait
de fouiller dans la poche de son gilet pour retrouver sa
tirade et sa mémoire. On peut juger par ce trait à quelle
cruelle épreuve fut soumise *Camille*; tout autre que
Rachel y aurait succombé.

Malgré toutes les suppliques, la grande tragédienne
ne put donner une seconde représentation, elle partit
pour Lyon pour regagner Paris, emportant des cadeaux
magnifiques de nos premières maisons de rubans.

Un fabricant de Saint-Etienne, pour perpétuer le
souvenir de la grande tragédienne, créa le *velours Rachel*
dont le premier spécimen lui fut envoyé. On ne pouvait
être plus galant pour la jeune et vaillante actrice.

Immédiatement après *Rachel*, *Levassor*, le dieu de la
chansonnette, ce joyeux comique du Palais-Royal, vint
provoquer des explosions de rire chez tous les spectateurs, en interprétant avec finesse une douzaine de
chansons de son inépuisable répertoire.

Levassor ne se contentait pas d'être un bon comédien,
il était également un homme d'esprit, si on en juge par
la boutade suivante :

Il était si médiocre lors de ses débuts, et il en avait
tellement conscience, qu'ayant reçu un soir un coup
de sifflet en rentrant dans les coulisses, il dit à ses
camarades :

Messieurs, tenons-nous bien, il y a un *connaisseur*
dans la salle !

Les soirées données par *Pradel*, poète improvisateur,
en septembre 1840, mi-parties à l'Hôtel de Ville et au
Théâtre, font époque à Saint-Etienne et attirent une foule
nombreuse.

Au reste, le talent de *M. E. Pradel* est merveilleux et à
la hauteur de sa réputation ; sa muse est légère ou
dramatique, badine ou sévère, mais toujours gracieuse et
savante.

Citons quelques-unes de ses compositions sur les
mots qu'on lui lançait au hasard, tels que : *Jarretière et*

Métempsycose, Guillaume Tell et Rossini, Prunes et Serpent, Électricité et Melon, Jambon et Difficultés, Lune et Fromage, Ficelle et Chandelle, Adam et Ciel :

GUILLAUME TELL ET ROSSINI

O de *Guillaume Tell* le bonheur infini
Doit lui survivre dans l'histoire,
Car il eut une double gloire,
Il fut chanté par *Rossini.*

ADAM ET CIEL

Malgré les bons avis du *Ciel*
Adam ne fut pas sage
Et pourtant le père éternel
Avait fait l'homme à son image.

PRUNES ET SERPENT

J'avais un superbe jardin
Où quelquefois au clair de lune
J'allais fusil à la main
Pour garder et raisins et *Prunes,*
Eh bien ! voyez l'été dernier
Combien la chose fut fatale,
Je fis tomber de mon prunier
Le *Serpent* de la cathédrale.

JARRETIÈRE ET MÉTEMPSYCOSE

Mesdames, quand je serais mort,
Poursuivant une autre carrière,
Combien je bénirais mon sort,
Si je devenais *Jarretière,*
Chacun envierait entre nous
Le sort si doux qu'on me propose.
Je resterais à vos genoux,
Heureux de la *Métempsycose.*

JAMBON ET DIFFICULTÉS

Je trouve que le mot est bon,
Quoiqu'il me paraisse bizarre,
Mais quand on me sert du *Jambon*
Tout aussitôt je m'en empare,

Quand un embarras m'est jeté,
A le vaincre, soudain je pense,
Et *Jambon* et *Difficultés*
Presque en même temps je les tranche.

ÉLECTRICITÉ ET MELON

Franklin dans la postérité
Etendit son vaste domaine
Régnant sur l'*Electricité*,
La foudre obéit à sa chaine.
Sur son invention soudain
Son nom vola jusqu'aux deux pôles,
On ne dira pas que *Franklin*,
Eut un *Melon* sur les épaules.

LUNE ET FROMAGE

Une fillette de quatre ans
Dont je me suis fait une amie,
A des traits d'esprit fort saillants
Surtout en astronomie.
Son savoir qui semble infini
Vous étonnerait pour son âge,
Car cette gentille mimi
Prend la *Lune* pour un *Fromage*.

POLITIQUE ET FICELLE

Je vous le dis assurément
C'est une lanterne magique
Que ce monde triste et charmant,
Surtout en fait de *Politique*.
Un ministre de tous est cru,
Peu de temps après il chancelle,
Quand vous le voyez disparu,
Le sort a tiré la *Ficelle*.

Tirons, nous aussi, la ficelle, revenons au théâtre, et parlons de MM. *Belcourt* et *Colelle*, qui se distinguent par le libellé de leurs affiches et de leurs réclames, où ils sont passés maîtres.

Ces intelligents directeurs qui furent nos devanciers perspicaces dans la voie de l'*annonce*, comprirent que la dimension, la hauteur, la disposition, et même la couleur, constituaient le vrai et seul mérite de l'affiche théâtrale.

Pour arriver à leurs fins et *allumer* le Stéphanois, ils rassemblèrent dans un cadre, de couleur jaune tendre, et élevé d'environ trois mètres, une telle combinaison de caractères typographiques, que les yeux du passant s'y portaient fatalement.

Puis en habiles tacticiens, quand ils sentent qu'ils se sont assurés des regards, ils cherchent encore à s'emparer de l'imagination du public, sachant fort bien qu'il n'y a qu'un pas à faire pour arriver à sa bourse. Profonde vérité qui démontre que les *Cotelle* et *Belcourt* furent d'incomparables virtuoses, qui surent manier avec une dextérité sans pareille ce puissant levier du *Monde, la Réclame.*

Donnons un spécimen de leurs affiches. D'abord le titre est écrit en immenses lettres :

L'OUVRIER ET LE MEURTRIER

ou

LEQUEL EST MON FILS ?

Drame Historique en cinq actes, par Frédéric SOULIÉ

Ici se place en caractères moyens la description de la pièce :

Cet ouvrage intéressant a obtenu à *Paris* le plus brillant succès. La foule court chaque soir admirer l'un des plus beaux ouvrages dramatiques de M. Frédéric Soulié. Cette pièce est aujourd'hui à sa *120ᵉ représentation*, depuis six mois son succès va toujours croissant; aussi l'*Administration* s'est-elle empressée de monter cet ouvrage, afin de l'offrir au public stéphanois, et de lui donner par là une preuve de son zèle et du désir qu'elle a de plaire.

Premier acte : *Le Scélérat ;*
Deuxième acte : *Le Vol ;*
Troisième acte : *La Révélation ;*
Quatrième acte : *Le Badigeonneur ;*
Cinquième acte : * * *!!!!!!

N'est-elle pas ingénieuse cette invention, pour mettre
une candide imagination à la torture, que ces trois étoiles
et ces six points d'exclamation ? *M. Belcourt* ne dit rien,
il laisse ainsi l'esprit en suspens, et le passant, en se
posant la main sur le front, se dit : « Je veux savoir ce
que cela veut dire » et c'est précisément le point où le
directeur du théâtre voulait amener le bonhomme public.

A propos de la pièce *Gaspard Hauser*, MM. *Belcourt*
et *Colelle* intercalent dans leur annonce une superbe
gravure attirant l'œil, et donnant comme un avant-goût
des séductions de ce sombre mélodrame.

Décidement, ces deux directeurs de théâtre étaient
dignes de vivre en cette fin de siècle amoureux de la
réclame à outrance.

Le 2 décembre 1840, la troupe *Belcourt* et *Colelle*
organise une représentation au profit des victimes de
l'inondation de la Loire et du Rhône. Malgré l'attrait du
programme sur lequel figure le charmant opéra l'*Eclair*,
la recette fut dérisoire et atteignit le chiffre invrai-
semblable de 60 fr. 50 cent. *Robert le Diable* fut joué
devant 30 personnes, *Lucie de Lammermoor* et l'*Ambassadrice* n'obtinrent pas plus de succès.

Aussi, faut-il l'arrivée de Mme *Dorval,* pour faire affluer
au théâtre un public qui semblait en avoir désappris
le chemin depuis le départ de *Déjazel, Rachel* et *Levassor*.

Mme *Dorval*, dans son rôle de Louise, du *Proscrit* de
Frédéric Soulié, fut couverte d'applaudissements et
redemandée après la pièce par le public select qui
remplissait les loges. M. Belcourt seconda admirablement la célèbre tragédienne.

Le 29 décembre 1840, le Conseil municipal décida que
l'exploitation du théâtre serait à l'avenir concédée avec
publicité et concurrence et maintint le chiffre de
6.000 francs de subvention, plus l'éclairage et le
chauffage de la salle.

La direction à cette époque lutta contre plus d'un
élément de ruine, d'abord la longue absence de la
première basse *Barielle* et la maladie de la prima donna,

Mlle *Richet*, qui meurt à Saint-Etienne d'une affection de poitrine.

Mlle *Richet* était d'origine espagnole. A peine âgée de 17 ans, elle s'était surmenée pour apprendre ses rôles. Son office fut célébré à Notre-Dame et un cortège nombreux précédé de huit prêtres, l'accompagna jusqu'au cimetière.

Le 28 décembre 1840, première représentation sur notre scène des *Huguenots* qui fournissent une brillante carrière, grâce à M. *Barielle*.

Le vendredi 5 février 1841, grand bal paré, masqué et travesti au bénéfice des pauvres de la ville, sous la direction de M. Alexandre, organisateur des bals masqués du *Ranelagh*, à Paris.

La salle, comme dit l'affiche, sera richement décorée à la Vénitienne, et *éclairée en pluie feu par des bougies !*

L'orchestre, composé de 40 musiciens travestis et de 21 tambours habillés en *Chinois*, fut conduit par MM. Alexandre, Valanso et Conterno.

Une grande tombola dite *Allègri*, fut tenue par les dames du théâtre.

Le prix de la souscription était de 5 fr. pour un cavalier et une dame, et 2 fr. pour une dame seule.

L'administration fait retenir des voitures qui prennent à domicile moyennant la somme folle de 25 centimes les personnes qui se rendent au bal.

Il nous semble qu'il y a là pour les futurs directeurs de notre théâtre, et pour les entrepreneurs de bals publics, une idée à creuser.

On monte le 9 février 1841, avec un luxe de décors inconnu aux Stéphanois, le *Naufrage de la Méduse*.

Les décors en sont dus à M. *Saint-Léon*, qui s'était déjà fait remarquer par sa décoration du troisième acte de *Robert le Diable*, mais qui s'est surpassé dans le *Naufrage de la Méduse*.

A la première représentation et à la chute du rideau, le jeune peintre fut acclamé par la salle entière.

Le public Stéphanois fut, en effet, ravi des luxueuses richesses dont scintillait cet ouvrage, qui était un véritable éblouissement pour les yeux. Jamais rien de pareil ne s'était vu à Saint-Etienne.

Aussi, cette pièce qui fut donnée dix fois de suite pendant le mois de février devant un public de plus en plus nombreux et sympathique, fut-elle un succès d'argent pour la direction qui était sur le point de suspendre ses paiements.

Entre temps, la municipalité informe le public que la direction du théâtre est vacante à partir du 5 avril 1841. De nombreux postulants se mettent sur les rangs pour briguer cette charge, et pourtant les clauses du cahier des charges sont particulièrement sévères pour le futur directeur, qui doit organiser une bonne troupe d'opéra, de comédie, de drame et de vaudeville, et former un orchestre convenablement recruté.

En outre, les débuts de la troupe doivent se faire d'après le nouvel arrêté municipal, dans les mois de mai ou de juin, avec occupation du théâtre sans interruption jusqu'à l'époque ordinaire de la clôture.

Ce fut *M. Simon* qui emporta la timbale, et qui fut nommé au concours. Son privilège lui était accordé pour trois ans.

Le premier soin du nouveau directeur en présentant sa troupe, est d'adresser aux Stéphanois une lettre où il réclame instamment de ramener les dames au théâtre. « J'ose espérer, dit-il, que vous ne me refuserez ni votre justice ni votre bienveillance. Les chefs de maison et les notables habitants de la ville, en amenant leurs *dames* à un spectacle qui sera toujours de bonne compagnie, rompront avec un passé désastreux pour la plupart des directions théâtrales de Saint-Etienne. Ils accorderont à l'art dramatique le plus précieux encouragement, le stimulant le plus puissant pour les artistes, la présence des dames dans nos loges. »

Pendant cette direction, on donne comme nouveautés ou opéras comiques : *les Diamants de la Couronne, le*

8

Guillaréro, la Revue d'un Jour, la Grâce de Dieu, la Veuve de la Grande Armée, Amélie ou la Belle-Sœur, la Mère et l'Enfant se portent bien, les Deux Serruriers et *Jacques.*

L'opéra-comique a, comme premier ténor, M. *Bar-thélemy* et première chanteuse, la distinguée et élégante Mme *Marion*; la comédie et le drame comme artistes principaux : *Pollier*, Mme *Simon*, et enfin M. *Théodore* comme chef d'orchestre.

Pendant cette campagne théâtrale, M. *et* Mme *Mélingue* qui jouent le drame à la perfection, paraissent dans *Lazare le Pâtre* et dans *le Manoir de Montlouvier*, pièces qui furent un véritable triomphe pour ce couple dont grande était la renommée.

Mélingue n'était pas seulement un acteur de premier ordre, il était aussi un sculpteur et un peintre distingué, et l'on sait que dans un drame de M. *Paul Meurice*, *Benvenuto Cellini*, chaque soir, sur la scène de la Porte-Saint-Martin, il modelait une statuette d'Hébé, ce qui mettait le comble à l'enthousiasme de ses nombreux admirateurs.

En 1842, *les Pilules du Diable* méritent une mention toute spéciale, car elles furent mieux montées qu'à Lyon. On avait ici trois décors de plus qu'en cette ville, entre autres celui de la verrerie qui offrait un tableau éblouissant et enchanteur.

Dans cette pièce tout était nouveau, décors et costumes, et les changements à vue s'exécutaient avec un ensemble parfait et digne d'un théâtre mieux agencé et machiné que celui du *Pré de la Foire.*

Aussi, le public montra-t-il sa reconnaissance à M. *Simon*, en assiégeant le théâtre les quinze fois qu'on donna les fameuses *Pilules du Diable* qui firent passer des heures charmantes à tous les amateurs de féeries.

Le nom du peintre-décorateur de cette pièce à succès, *Napoléon Sachelli*, mérite de passer à la postérité, étant donnée l'énorme somme de talent qu'il déploya dans une mise en scène qui était difficile et ardue, à cause de la petitesse de la salle de comédie.

Le ministre des Beaux-Arts, par arrêté du 19 avril 1842, accorde à M. *Simon* la continuation de son privilège de directeur.

La nouvelle troupe se compose de M. *Martel,* premier ténor, de Mmes *Stéphane, Marcou, Pollier, Simon,* et de M. *Gagneuf,* comme chef d'orchestre.

Cet ensemble d'artistes laisse beaucoup à désirer ; aussi, faut-il attendre la venue d'une troupe de l'Odéon, composée de 7 personnes, pour avoir l'occasion de parler d'un succès à l'actif du directeur. Ces acteurs interprètent *Agrippine* de magistrale façon ; à citer Mme *Darcey*, qui possède un port noble, un physique charmant, une pure diction et un jeu dramatique vraiment remarquable ; Mmes *Stella* et *Achille,* MM. *Achanelle,* un parfait tragédien, *Saint-Léon, Valmore* et *Crécy.*

La rentrée en octobre de M. *Simon* doit être passée sous silence, tellement sa troupe est mauvaise.

Pourquoi parler de théâtre, dit un critique d'alors, quand il ne fait pas parler de lui : « En vérité, je me trouve dans le même embarras que le panégyriste à qui l'on demandait une oraison funèbre pour M. *Colas* et qui ne trouva que ce quatrain :

> Colas est mort de maladie,
> Tu veux que je plaigne son sort,
> Eh bien, que veux-tu que j'en die,
> Colas vivait, Colas est mort.

Et notre critique d'ajouter : Hélas ! si notre pauvre théâtre n'est point mort, il est du moins bien malade. L'ingénue *Gabrielle* est alitée, la charmante *Page* languit aussi, *Clarisse* s'est embarquée pour Londres, et le pauvre *Simon* est à la poursuite d'un *Martin* qui vient de lui faire une fameuse note.

Et notre critique de finir par ces vers :

> De la dépouille de nos bois
> L'automne avait jonché la terre,
> La coulisse était sans mystère,
> Et le ténor était sans voix,
> Pâle et mourant à son aurore,
> Le pauvre théâtre à pas lents,
> Parcourait une fois encore
> Un répertoire de vingt ans :
> Mais le bon public ne vint pas
> Et l'ouvreuse toute isolée,
> Troubla du bruit seul de ses pas,
> Le silence du mausolée.

En 1842, à Saint-Etienne, on ne connaît pas de question plus délicate à traiter, ni de plus difficile à résoudre que celle du théâtre, si ce n'est toutefois la *Question d'Orient*. Comme le fameux empire Turc, le théâtre Stéphanois était alors oscillant entre quatre grandes puissances qui n'étaient pas près de s'entendre, le directeur, les artistes, la municipalité et le public.

La direction *Simon* semble, en effet, jouer de malheur si on en juge par la note suivante adressée au public Stéphanois le 13 janvier 1843 :

« Le directeur du théâtre de Saint-Etienne, toujours heureux de mériter la bienveillance et la confiance du public, avait mis tous ses soins pour faire représenter mardi 10 janvier 1843, l'opéra l'*Ambassadrice* et *Mathilde*, pièces choisies pour le bénéfice de Mme *Stéphane*, première chanteuse. Les affiches étaient placardées, les bureaux ouverts et les billets distribués, quand Mme *Allan*, qui tient les emplois de première chanteuse, refusa son concours sous prétexte d'indisposition.

« La direction fit alors prier trois médecins de se transporter au domicile de Mme Allan. Tous trois déclarèrent que la situation de cette actrice n'était point de nature à l'empêcher de jouer et ils dressèrent procès-verbal de constat. »

Mme *Allan*, malgré les instances de son directeur et des docteurs, persista dans son refus qui était basé sur des

questions de rivalité et de jalousie envers Mme *Stéphane,*
à qui il suffisait, paraît-il, pour renouveler le miracle de
Phryné, de faire admirer en scène sa gorge et ses épaules
pour désarmer la critique. Cette actrice, malgré ses
allures un peu lestes, mérita pourtant toutes les sympathies et les respects, si nous nous en rapportons à
certaines lettres que nous avons fortuitement trouvées.

Entre temps, paraissent sur notre scène, retour des
Célestins, les *Aériens Anglais,* gymnastes contorsion-
nistes, dont les groupes pyramidaux excitent au plus
haut point l'attention des spectateurs.

Le 26 mars 1843, la municipalité, mécontente de
M. Simon, traite avec *M. Poirier,* qui a dirigé le théâtre
d'Angers pendant 17 ans.

Le nouveau directeur pose comme conditions de son
acceptation la restauration de la salle et la renonciation
à une troupe d'opéra.

La municipalité souscrit aux exigences de *M. Poirier*
et vote une somme de 3.000 francs pour les réparations.
L'intérieur de la salle est complètement refait à neuf par
M. Napoléon Sachelli, l'habile décorateur des *Pilules du
Diable.* On change le rideau, on repeint, on enjolive le
plafond et on augmente l'éclairage.

« Ce qui distingue, dit un semainier d'alors, l'habile
pinceau de *M. Sachelli,* c'est l'entente de l'ensemble, c'est
l'harmonie générale des ornements. Avec les 3.000 francs
d'allocation, le peintre a fait un tour de force.

« Du rideau d'avant-scène aux loges des premières
et celles des troisièmes, il a su jeter de la variété sans
confusion, et appliquer avec beaucoup de convenance les
différents genres.

« Les loges des premières sont décorées avec des
ornements en bas-relief or sur fond blanc, des arabesques
et des griffons qui soutiennent des médaillons fond bleu,
où sont inscrits en lettres d'or les noms des divers auteurs
dramatiques et lyriques. Des premières aux secondes, on
passe à un genre plus coquet. Sur fond chamois et
blanc courent de gracieux festons de fleurs. Aux troi-

sièmes, l'art du peintre se remarque dans une heureuse transition des ornements du pourtour des loges à ceux du plafond où sont représentées les muses.

« Sur toutes ces teintes légères de la salle, se détache un superbe rideau aux riches reflets de velours cramoisi, c'est une véritable régénération du pauvre théâtre du *Pré de la Foire*. On a peine à le reconnaître, tant il est paré de festons, de velours, de fleurs et de soie. »

Les premiers sujets de la troupe *Poirier* sont : MM. *Adolphe Salvetti, Malifas, Derville* et Mme *Berthier*, qui possède un tempérament dramatique de premier ordre et une beauté débordante d'exubérance et de crânerie.

Chose singulière à constater, au lieu de pièces nouvelles, c'est une reprise ininterrompue de mélodrames et vaudevilles depuis longtemps connus. Il semble que, plus on accorde aux directeurs, moins ces derniers se croient obligés d'en donner.

Signalons pourtant *Madeleine* ou l'*Abime de Bessac, le Vicomte de Létorière, Georges et Thérèse, le Mariage de Figaro, Marguerite Fortier*.

Un seul acteur de talent vient à Saint-Etienne sous la direction *Poirier*, c'est *Joseph Kelm*, le chanteur qui créa avec *Hoffmann* la chanson si connue de *Béral : Nous avons-l-y bu ; nous avons-l-y ri chez la mère Grivelle*.

Il interprète ici plusieurs chansonnettes dont certains refrains populaires devancèrent, à l'Alcazar, ceux de *Thérésa*, entre autres : *le Docteur Isambart, Lodoïska, la Belle Polonaise* et *J'entre en train, charmante Rosalie*.

A citer également un concert de M. F. *Copini*, chef d'orchestre et premier violon du Théâtre-Royal de Saint-James à Londres, donné le mardi 5 septembre 1843, avec le concours de la musique du 27e *de ligne* et de quelques amateurs de la ville.

Devant les instances et réclamations du public qui déserte de plus en plus le théâtre, M. *Poirier* se décide à monter quelques pièces nouvelles.

Lucrèce a le don d'attirer une nombreuse chambrée, ainsi que le *Portrait vivant, le Château de la Roche-Noire, les Mémoires du Diable, Paul et Virginie, les Mystères de Paris* et *Michel Perrin*.

Chaque semaine, la troupe de M. *Poirier* excursionne à *Montbrison, Le Puy* et *Yssingeaux*.

On renouvelle en avril 1844, le privilège de M. *Poirier,* mais faible et souffrant, atteint d'une cécité presque complète depuis la fin de 43, il laisse le théâtre aller à la dérive et meurt le 12 juin 1844, laissant une veuve au milieu de tous les embarras d'un commencement de campagne théâtrale.

Le 23 juin, on reconstitue la troupe pour 1844-1845 et on confie la direction à M. *Charles Poirier* fils, qui s'adjoint MM. *Rouméguère*, comme chef d'orchestre, *Moiroud, Lyot, Beaupré*, comme premiers rôles, sans omettre la délicieuse Mme *Fayolle, la perle du théâtre,* comme on l'a surnommée dans la suite, et qui, par la souplesse de son talent, fit une prompte et facile conquête des Stéphanois.

Les débuts se font le 29 juin par *le Verre d'eau,* comédie en 5 actes, *l'Enfant trouvé,* auxquels succèdent *Indiana et Charlemagne, l'Ecole des Vieillards, la Jeunesse de Talma, Fénelon* ou *les Religieuses de Cambrai, le Diable à Lyon, Satan* ou *la Jeune Créole, les Meuniers* et *le Déserteur*, où figure une fraction du ballet de la Porte-Saint-Martin, *le Voyage à Dieppe* ou *la Mystification* et enfin le gros succès de la saison, *Louis XI,* tragédie en 5 actes, de *Casimir Delavigne.*

Au mois d'octobre, M. *Laluyé* et Mlle *Rosalvina,* dansent pour la première fois à Saint-Etienne, dans le *Gascon à trois visages, la Polka,* qui prit naissance en 1843 à Paris et eut pour berceau les salons de la *Vicomtesse de Polignac.* Cette danse qui veut dire *Œil de la civilisation,* obtint un succès énorme dans notre cité.

Les *Pensées du Tasse dans sa Prison,* pièce d'un Stéphanois dont nous n'avons pu retrouver le nom, voit les feux de la rampe le 16 janvier 1845.

A cette époque, M. *Labarre* soutenu par de nombreux *dilettantti* stéphanois, demande au Conseil municipal une subvention de 10.000 francs.

Comme on le voit, les années 1844-1845 sont vraiment pitoyables au point de vue scénique. Il faut pourtant ne point omettre, le 26 avril 1845, un concert donné par deux artistes de valeur, M. *Levasseur*, première basse de l'Académie Royale de musique; Mlle *Bouvard*, première chanteuse du Grand-Théâtre de Lyon, et M. *Luigini*, comme pianiste-accompagnateur.

M. *Labarre*, à qui le Conseil municipal a octroyé généreusement une subvention de *10.000 francs*, soumet au public, le 14 juin, la composition de la troupe :

M. *Labarre*, directeur ; *Dubar*, premier ténor ; *Ismaël*, baryton ; Mmes *Chevalier*, première chanteuse ; *Darlière*, forte chanteuse; *Poirier*, dugazon ; M. *Swarts*, chef d'orchestre (1), plus un chœur composé de 4 hommes, 4 femmes et 18 mucisiens.

Quant au drame, mentionnons M. *Grandel*, premier rôle en tous genres; *Philipol*, comique; MM. *Ernest*, premier rôle, et *Poirier*.

Le prix de l'abonnement pour 12 représentations était fixé à 15 francs pour les hommes et 10 francs pour les dames.

Comme pièces, citons la *Sirène* et le *Contrebandier des Abruzzes*, opéra-comique en 3 actes d'*Auber*, avec un splendide décor au deuxième acte peint par M. *Paliante*, la *Part du Diable*, les *Deux Voleurs*, le *Diable à l'Ecole*, le *Roi d'Yvetot*, les *Diamants de la Couronne*, 24 décembre. Cet opéra fut donné avec *Ma Tante Bazu*, pièce dans laquelle se produisit un commencement de panique.

. (1) M. Swarts qui est mort, il y a deux ans à peine, était connu du *Tout Saint-Etienne*. Il eut au théâtre de nombreux succès, et une de ses compositions, un quadrille entr'autres, fit fureur en notre ville.

Dans les derniers temps de sa vie, de ses doigts habiles, il fit résonner les voix célestes des orgues de l'église Saint-Charles et souvent l'organiste fut trahi par le chef d'orchestre. Qui put s'en plaindre ? Ce n'est pas nous.

Ma Tante Bazu, représentée par *M. Philipot*, exécutait une polka dans une robe ébouriffante, quand le public bissa la danse. A cet instant d'universelle hilarité, minuit sonna. Le gaz de la ville ne trouvant plus d'issues que dans les tuyaux du théâtre, monta dans les globes de la salle en langues de feu menaçantes Il y eut un instant de stupeur générale, mais l'alarme fut de courte durée, et l'on pu sans encombre continuer la représentation.

Chaque spectateur se demandait en sortant ce qu'il serait advenu si le feu eût éclaté dans cette salle étroite dépourvue de corridors, de dégagements, de portes et de fenêtres, et l'on peut dire qu'il y a eu un Dieu pour les spectateurs du théâtre du *Pré de la Foire*.

M. Labarre fut un habile directeur qui gagna de l'argent, grâce à l'engagement de *M*ᵐᵉ *Poirier* et de *Philipot,* dont les noms suffisaient à faire chaque soir salle comble.

En 1846, on joue *le Major Cravachon, Don Pasquale,* 12 février, et *Richard Cœur de Lion*, opéra comique en 3 actes, de *Grétry*, 19 mars.

Une nouvelle troupe formée de MM. *Labarre*, directeur; *Lécor*, premier ténor ; MMᵐᵉˢ *Chevalier,* première chanteuse; *Bellerive*, forte chanteuse ; *M. Sandre*, premier rôle et *M*ᵐᵉ *Poter*, débute en juillet 1846.

Le Philtre, opéra comique, *le Lait d'Anesse, Sans nom,* l'*Enfant de la Maison, Catherine Howard, le Nouveau Seigneur, la Muette de Portici,* constituent le répertoire qui est d'une monotonie désespérante, et il faut le robuste tempérament dramatique des Stéphanois pour résister à un pareil régime.

Le 21 novembre 1846, les sœurs *Milanollo,* d'origine italienne, franchissent les monts pour commencer à travers l'Europe leur marche triomphale et Saint-Etienne a le bonheur d'entendre ces deux virtuoses du chant dans deux concerts, où l'on refuse plus de mille personnes.

Le vendredi 16 janvier 1847, la belle *M*ᵐᵉ *Vidmann,* forte première chanteuse, interprète le rôle de Léonor dans la *Favorite*. Mme *Vidmann* est le meilleur contralto qu'on ait entendu à Saint-Etienne, et Mme *Stoltz*, lors de son séjour à Lyon, ne put faire oublier l'admirable voix de sa rivale Mme *Vidmann*. La constatation de ce fait suffit à elle seule à donner une idée du talent de la célèbre cantatrice lyonnaise.

La saison se ferme le 28 février 1847.

M. *Coppini* succède à M. *Labarre*, et prend la direction de notre théâtre le 11 mai 1847 et engage comme premiers artistes M. *Lecor* et Mme *Quirot*, qui justifie le dicton : la beauté est la moitié du talent.

L'orchestre est renforcé et la mise en scène complètement transformée.

La direction *Coppini* a droit à des éloges, car elle amena de sérieuses améliorations dans l'ensemble de la situation théâtrale.

Les costumes furent remplacés et les tapis qui semblaient de véritables mythes que Saint-Etienne n'avait jamais entrevus scéniquement parlant, deviennent une réalité.

Comme décors, M. *Coppini* fit brosser deux salons riches et coquets, trois panoramas d'aspect agréable, et plusieurs perspectives aussi belles qu'animées.

Malheureusement, le répertoire ne fut pas à la hauteur de la transfiguration, car M. *Coppini* s'acharna à ne donner que des vieilleries.

Il faut relater particulièrement l'apparition sur notre scène, le 20 juin 1847, d'un enfant de Saint-Etienne, le *baryton Martin*, qui partit tout jeune de notre cité, pour aller à Paris étudier chez MM. *Delsarte* et *Péronnel* l'art du chant. Empruntons a M. *Descreux* qui publia en 1868 les notices biographiques stéphanoises, le récit de la vie de notre illustre compatriote.

Martin (Jean-Louis), artiste lyrique, né à Saint-Etienne, en 1816, était fils d'Etienne et de Philiberte Pignard.

Il fut occupé pendant quelque temps dans l'atelier d'un serrurier, et la journée finie, ses camarades lui demandaient pour délassement de vouloir bien entonner une de ces barcarolles qu'il chantait si bien. Un jour, il dit à ses parents que, dans sa profession, il était d'usage de faire un tour de France. Il partit donc, s'arrêta un mois ou deux à Lyon, et se dirigea ensuite vers la capitale, où, dès son arrivée, il entra chez un serrurier.

Ayant assisté à quelques représentations aux théâtres secondaires de Paris, sa passion pour le chant augmenta. Le soir, il chantait souvent entouré de ses camarades et de ses amis, et ce fut dans un de ces moments que passa M. *Delsarte*, professeur au Conservatoire, qui découvrit le diamant pur. Ce grand maître lui offrit de lui donner des leçons. Pendant quelque temps *Martin*, après l'heure de son travail, étudia avec ardeur et avec fruit sous les yeux de ce protecteur et de M. *Péronnet*. Un concours ayant été ouvert par le Conservatoire, il y prit part et obtint le premier prix.

Ce brillant succès lui donna foi dans l'avenir, il quitta la capitale pour aller recueillir d'amples moissons d'applaudissements sur plusieurs scènes de province et de l'étranger, notamment à Montpellier où il débuta, à Nancy, Gand et Bruxelles.

En 1845, il était engagé au théâtre de Bordeaux. A la représentation de *Charles VI*, il se trouva à côté d'excellents acteurs. Il surprit agréablement le public qui ne le croyait pas capable de soutenir le poids du rôle de *Charles VI*. Au second acte, la bienveillance qu'on lui avait témoignée prit un caractère d'enthousiasme passionné après la cantate : *Berce, berce gentille Odette,* qu'il chante avec une grande douceur d'organe et un charme tout à fait pénétrant.

Au mois de juin 1847, se rendant à Marseille pour y occuper l'emploi de baryton, il s'arrêta à Saint-Etienne, pour visiter ses parents et ses amis. Il donna deux représentations, la salle était comble. Chacun voulait voir le triomphe d'un enfant de Saint-Etienne, qui avait laissé de si bons souvenirs dans toutes les villes qu'il avait parcourues. Notre théâtre fut galvanisé par cette jeune et nerveuse poitrine. Il se fit entendre tour à tour dans *la Favorite, Lucie de Lamermoor, la Muette de Portici, le Maître de Chapelle, Don Pasquale,* et dans divers airs italiens d'un grand style.

Martin n'était pas au-dessous de sa réputation, sa voix était sonore, brillante, d'une puissance remarquable et en même temps d'une pureté, d'un moelleux et d'une souplesse qui ne laissaient rien à désirer.

Quant à son jeu, il était simple, naturel et exempt de ces gestes hors nature et peu gracieux, auxquels se laissent parfois entraîner les artistes. C'était principalement par le jeu de sa physionomie que se traduisait l'expression de sa pensée.

Vers le mois d'août 1854, époque à laquelle le choléra sévissait avec tant de violence dans plusieurs départements du Midi, surtout à Marseille, *Martin* quitta cette ville pour se rendre à Carcassonne, mais le terrible fléau qu'il fuyait le suivait pas à pas et *Martin* fut la première victime qu'il frappa dans cette localité.

La belle voix de *Martin* était un don de famille, son grand-père maternel et sa mère, quoique arrivés à un âge avancé, avaient encore une voix sonore.

Deux de ses frères se sont fait un nom distingué, l'un comme première basse, l'autre comme baryton.

Il avait aussi une jeune sœur, charmante personne, qui donnait de grandes espérances et qui peut-être aurait fait une excellente prima donna, si la mort ne l'eût pas enlevée, le 26 février 1826, à l'âge de 15 ans et demi.

Ajoutons une anecdote à la biographie si complète de notre compatriote, qui donna son nom à l'emploi qu'il remplissait avec tant d'autorité.

Le baryton *Martin* était fort embarrassé quand il avait à faire une annonce en public. Ayant eu à réclamer l'indulgence de ses concitoyens pour un de ses camarades, il s'avance vers la rampe et balbutie : Messieurs, notre camarade.... est en ce moment hors d'état de.... à cause d'un accident, comme qui dirait un.... ne pouvant...

Un spectateur nommé Faure, de *Polignais*, voulant le tirer d'affaire, lui crie :

Chante-nous ça, Martin. Le public applaudit vigoureusement à cette spirituelle boutade.

Alors que notre compatriote nous tenait sous le charme de sa voix, se place un épisode que nous aurions garde d'omettre :

Un jeune lion stéphanois offre, par écrit, à une partenaire de Martin, Mlle *Duval,* une superbe femme aux splendides épaules ou cent mains pour applaudir, ou cinquante sifflets au choix de l'actrice, et à une condition qu'on devine. Le lendemain, le jeune et stupide amoureux recevait du protecteur de la belle un violent coup d'épée qui mit fin aux épîtres incendiaires qu'il adressait à l'insensible Mlle *Duval.*

Ravel, premier comique du Palais-Royal, remplace le *baryton Martin* et fait rire aux larmes les Stéphanois en jouant le rôle d'*Exuper,* dans le vaudeville *le Caporal et la Payse.* Il paraît également dans l'*Omelette fantastique,* où il obtient un étourdissant succès, et ce ne fut que justice, car cet acteur possédait un merveilleux talent. Il ne pouvait ni entrer en scène, ni en sortir, ni parler, ni se taire. ni marcher, sans dérider les fronts les plus soucieux et délier les lèvres les plus sévères. Aussi, les applaudissements et les rappels ne lui firent-ils pas défaut.

En septembre, octobre et novembre 1847, les pièces suivantes voient les feux de la rampe. L'*Ame en peine,* de Flotow ; *Trente Ans* ou *la Vie d'un Joueur, Charlotte Corday, les Compagnons,* drame en 5 actes, *les Diamants de la Couronne, la Fiancée,* opéra comique, *Théréza, le Postillon de Lonjumeau, le Chiffonnier de Paris,* l'*Ame en peine,* grand opéra fantastique, *Ne touchez pas à la Reine,* et *Fra Diavolo.*

Le 10 décembre 1847, le célèbre tragédien *Ligier* nous revient, et nos concitoyens d'alors lui doivent la bonne fortune de l'entendre dans *Louis XI,* un de ses plus grands succès.

Ligier a le talent d'inspirer la verve de nos poètes.

Un d'entre eux, M. L. V..., lui consacre ces quelques vers :

A LIGIER

Salut à Ligier, l'illustre citoyen,
Disciple de Talma, enfant de Melpomène
Et qui des Stéphanois vient embellir la scène,
Des chefs-d'œuvre épars de tout le genre humain.
Belles, vos doigts légers tressent-ils la couronne
Qui doit orner le front du grand tragédien.
Hâtez-vous, le temps fuit, ce que la beauté donne
Ne peut être jamais remis au lendemain.

L. V...

Les vers de M. L. V... furent entendus des Stéphanoises qui offrirent une magnifique couronne d'or à l'illustre tragédien.

Le 28 décembre 1847, grande soirée de gala à l'occasion de *Gustave III*, ou le *Bal masqué*, opéra qui se distingue par une superbe mise en scène.

La richesse des costumes et la manière dont cette pièce est interprétée par *MM. Lécor, Hémecart, Gaudemar* et *Mlle Weiss*, fournissent à cette opéra une longue et fructueuse carrière pour la direction *Coppini*, qui a fait peindre, pour la circonstance, deux nouveaux décors par *MM. Philastre* et *Savelli*.

Entre temps, une jeune pianiste de huit ans, surnommée la *merveille de l'époque* et aveugle de naissance, récolte ici autant de succès qu'elle en a obtenu à Lyon, dont elle arrive.

La troupe Coppini continue la série de ses représentations par *la Prise de Constantine*, grande scène historique en un acte et 18 tableaux, pièce dans laquelle évoluent plus de 150 personnes.

M. Coppini clot sa direction le 16 mars 1848, par un spectacle extraordinaire donné au bénéfice des ouvriers sans travail.

Le maire, M. *Baune*, et tous les membres du Conseil municipal, assistent à cette représentation humanitaire.

Le 15 juillet 1848, la direction du théâtre passe aux mains de M. *Rousseau*, qui s'est adjoint comme premiers sujets : MM. *Godefroy*, *Rocqueville* et *Francisque*; Mlle *Valence* et Mme *Mériel*, qui fait pleurer les spectateurs en versant elle-même de vraies larmes.

Malheureusement, la politique nuit au théâtre, et c'est devant des salles à peu près vides que les acteurs jouent : *le Pacte de Famille*, *la Prise de la Bastille*, *la Polka en Province*, *l'Avoué et le Normand*, *les deux Divorcés*, *la Mère de Famille*, *Kéan* ou *Désordre et Génie*, drame d'Alexandre Dumas, *le Bravo et la Vénitienne*, d'Anicet Bourgeois, *la Rue de la Lune*, *les Roués de la Régence*, *Bocquet Père et Fils*, *les Quatre Sergents de La Rochelle*, *la Foi*, *l'Espérance et la Charité* et, enfin, *Lucrèce Borgia*.

On ne peut faire une exception que pour les représentations de la petite *Caroline*, qui attire au théâtre un public nombreux, qui l'acclame dans *l'Enfant Modèle*, *le Vieux Garçon* ou *la Petite Fille*, où cette actrice de dix ans remplit quatre rôles différents; enfin, dans *Moiroud et Cie*.

La petite *Caroline* partie, on retombe au calme plat. Les préoccupations politiques sont trop fortes, en effet, pour que les sacrifices quotidiens que s'impose la direction puissent triompher de la désertion du public et amener les Stéphanois au théâtre pour entendre des pièces que renouvelle chaque jour le directeur, M. *Rousseau*, telles que : *Rataplan* ou *le Petit Tambour*, *Lazare le Pâtre*, 22 octobre 1848, *le Massacre de la Saint-Barthélemy* ou *la Reine Margot*, d'Alexandre Dumas, *la Nonne sanglante* ou *les Ruines du Couvent*, *Cotillon III*, vaudeville en un acte puisé dans les étourderies de nos annales royales et qui trouve parfaitement grâce devant un parterre républicain, *Paul le Corsaire*, *Robert-Macaire* et *Bertrand* ou *l'Auberge des Adrets*, drame en 2 actes, de Benjamin et Saint-Amand, *la Taverne du Diable*, *le Moulin à paroles*, *le Capitaine Charlotte*, *le Livre Noir* ou *les Mystères de la Police secrète* et, enfin, *Monte-Christo*, qui fait chaque soir qu'il est donné, de superbes recettes. Au reste, la mise en scène de cette pièce est un véritable fleuron pour la direction.

Coutume singulière à noter. A cette époque, pour annoncer une pièce à bénéfice, on jetait du cintre du théâtre une nuée de réclames aux mille couleurs. Cette innovation, qui devait se perpétuer pendant quelques années, plaisait fort au public, qui acclamait bruyamment et le nom du bénéficiaire et le titre de la pièce que l'on devait jouer.

La direction fait des efforts surhumains pour amener quelques spectateurs au théâtre. Tous les jours ce ne sont que pièces nouvelles données au détriment de la mémoire de quelques malheureux artistes qui sont, au reste, bien pardonnables.

La direction *Rousseau* mérite une mention spéciale ; loin de se décourager, elle enfante des prodiges pour tenir en haleine le public stéphanois.

Elle ne recula devant aucun sacrifice, soit pour monter avec luxe certaines pièces, soit en engageant divers acteurs qui se faisaient grassement payer, tels que le mime *Klischinig* de la Porte-Saint-Martin, M. *Célicourt*, le doyen des comiques lyonnais, et enfin *Victor Genin*, le grand premier rôle de Lyon, qui clôture l'année théâtrale (qui fut un désastre pour la direction), en jouant le *Chiffonnier de Paris* et *les Orphelines de Notre-Dame*.

Le 20 janvier 1849, transfiguration complète de notre théâtre, trop petit pour contenir une foule impatiente de danser. Une affiche de dimensions gigantesques annonçant : *Une Nuit Vénitienne*, à l'instar des grands bals de Paris, fut la seule cause de cette affluence, malgré la cherté du prix d'entrée fixé à 5 francs.

Le mauvais état des affaires, l'absence de plus en plus prononcée du public, les inondations du 13 juillet 1849, n'empêchent point M. *Allan Dorville* venant d'Angers, de solliciter et d'obtenir la direction de notre théâtre, qu'il prend sans aucune subvention.

Réduit à ses propres ressources, sa direction n'est rien moins que brillante, et encore faut-il tout le talent de *M*ᴵˡᵉ *Paola*, aux yeux gouailleurs, de *M*ᵐᵉ *Lacour* et de *M. Bouché*, pour attirer au théâtre quelques rares spectateurs.

Le répertoire, du reste, est composé en majeure partie de reprises ; comme nouveautés à mentionner seulement *la Reine de Chypre, Gilles Ravisseur*, opéra comique, *Don Pasquale, le Val d'Andorre, Marie Tudor*, une représentation de notre concitoyen le baryton *Marlin*, qui se taille un gros succès dans *Zampa* et, enfin, deux soirées de gala données par *Paul Bondois*, premier rôle du Théâtre de Lyon, dans le *Chevalier d'Essonne*, et de *Duffley*, le premier ténor du Grand-Opéra de Paris, qui chante *la Favorite* et *la Juive*.

« En septembre 1849, dit un journal de l'époque, se fonde sans succès une Société pour la construction d'un théâtre sur une de nos principales places, et le chroniqueur ajoute : Ce n'est pas un des moindres sujets d'étonnement offerts par notre ville aux étrangers que l'exiguité d'une salle où les malheureux artistes s'efforcent de représenter tant bien que mal les chefs-d'œuvre des grands maîtres.

« Le théâtre n'a jamais été fréquenté par nous et cela se comprend sans peine. Il faut des représentations extraordinaires pour forcer le public à s'entasser dans une pièce étroite, où tous les spectateurs se trouvent confusément entassés. Les recettes participent nécessairement de l'exiguité de la salle ; par suite les directions doivent, sous peine de ruine infaillible, apporter la plus excessive parcimonie dans le recrutement de leur troupe.

« Quand parfois des sujets convenables sont venus s'égarer dans nos murs, ils sont si mal secondés par l'entourage, les accessoires sont si déplorables, que le spectacle n'est plus pour les gens les moins exercés qu'un supplice ou un objet de dérision.

9

« On voudrait construire la nouvelle salle sur la place du Marché-Dauphine ; elle serait *provisoire,* à cause de la difficulté des temps qui ne permet pas d'aborder une œuvre définitive, mais la construction serait assez solide et conçue sur des proportions assez larges pour qu'on puisse attendre sans impatience le théâtre définitif. Le plan proposé comporte une ceinture de boutiques autour de l'édifice, boutiques dont la location couvrirait en partie les intérêts des sommes avancées. »

Comme on le voit toujours et de tout temps à Saint-Etienne, on a professé un culte idolâtre pour le *Provisoire*.

Le 4 janvier 1850, figure au programme *Haydée*, avec le concours de Mlle *Lavoye*, rôle qu'elle a créé à Paris.

Depuis longtemps, les échos de notre théâtre n'avaient retenti d'applaudissements aussi nourris que ceux qui saluèrent la séduisante diva parisienne, qui cède la place à Mlle *Masson*, artiste de l'Opéra qui joue le 7 janvier *la Reine de Chypre*. Cette actrice répondit à l'empressement d'un public nombreux qui ne lui marchanda pas ses bravos. Mlle *Masson* était sûre des effets qu'elle produisait et avait le secret des bonnes traditions.

Pourtant cette représentation ne fut pas à la hauteur de celle d'*Haydée*, à cause du peu de temps qu'avaient eu les acteurs pour répéter leurs rôles.

La direction fait des démarches infructueuses auprès de Mlle *Alboni*, qui se trouve à *Marseille*.

On clôture la saison théâtrale par *Guillaume Tell*, chanté par M. *Flachat*, premier baryton du Grand-Théâtre de Lyon.

Entre temps, on renouvelle à M. *Allan-Dorville* son privilège de directeur pour 1850-1851. Sur ses instances justifiées, on lui donne l'ancienne subvention, 8.000 fr., l'éclairage et la location restant à la charge de la ville.

Faisons passer sous les yeux de nos lecteurs une lettre d'adieux écrite au public stéphanois, par un artiste émérite de l'ancienne troupe, lettre qu'il nous paraît intéressante de reproduire en entier :

« LEPEINTRE aîné au public.

« J'ai parcouru toute la France et plusieurs villes de l'étranger, et je le dis avec bonheur, avec une joie reconnaissante, j'ai reçu partout un bienveillant accueil que je dois moins à mon faible mérite qu'à votre indulgente bonté.

« Après avoir beaucoup voyagé, je dois m'intéresser vivement aux voyageurs. J'ai donc fait l'acquisition de l'*Hôtel Ventadour*, rue *Ventadour*, 7, près du *Palais National des Tuileries* et des *Boulevards*, appartements et chambres à des prix modérés, bonne table d'hôte à 5 h. 1/2.

« Puissent ceux que j'ai quelquefois amusés, en prendre le chemin. Ils ont vu avec quelle indignation bien sentie je dénonçais dans la carte à payer la mauvaise foi d'un hôtelier qui donnait un coq pour un chapon, et de la piquette pour du Bordeaux.

« Ils doivent croire que je n'imiterai point des exemples que j'ai si publiquement flétris.

« Puisque les citations sont permises et habituelles aux comédiens, je dirai comme le personnage d'une comédie moderne :

« Vous trouverez bon feu, bon lit et bonne table.

« Bon visage surtout, compagnie agréable, et de plus, à mes anciens et très aimables spectateurs, une vieille figure de connaissance qui débutant dans un rôle tout nouveau, peut grâce à vous, devenir un de ces succès d'argent dont les hôtels ne peuvent pas plus se passer que les théâtres.

« Dans l'attente de votre bonne visite, agréez, mes chers futurs hôtes Stéphanois, l'assurance du plus profond respect de votre obéissant serviteur.

« LEPEINTRE aîné. »

Que vous semble-t-il de cette annonce que ne désavouerait pas un *Yankée* fin de siècle ?

Chose étrange, c'est que la réclame porta, et que pendant longtemps de nombreux Stéphanois descendirent en l'Hôtel de *Lepeintre* aîné. Nous n'avons point poussé nos investigations jusqu'à savoir si la cuisine de l'hôtelier était à la hauteur de la réputation du comédien, et si les poulets qu'il préparait n'étaient point des *poulets de théâtre.*

Les murs de notre ville se couvrent d'affiches dont nous reproduisons le titre en entier :

THÉATRE DE SAINT-ETIENNE

Direction : ALLAN-DORVILLE

Irrévocablement, *vendredi 10 mai 1850.* — Seul et unique grand concert vocal, donné par *Duprez*, premier ténor de l'Opéra, professeur du Conservatoire, secondé par ses élèves.

ARTISTES

MM. BALANQUÉ, première basse chantante..
Oswald, baryton.
BERTRAND, ténor léger.
PROUVILLE, basse chantante.

Mlles POINSOT, forte première chanteuse.
Caroline DUPREZ, chanteuse légère.
E. de JOLY, première chanteuse, mezzo caractère.

PROGRAMME

PREMIÈRE PARTIE

1° *Prière de Moïse*, par MM. Duprez, Bertrand, Oswald, Prouville ; Mlles Poinsot, C. Duprez. (Rossini).

2° *Duo de Lucie*, par MM. Duprez et Oswald. (Donizetti)..

3° *Air de la Pie Voleuse*, par Mlle E. de Joly. (Rossini).

4° *Duo du Maçon*, par Mlles Poinsot et C. Duprez. (Auber).

5° *Grande Fantaisie* pour piano, par Mlle E. de Joly. (Prudent).

6° *Air d'Othello*, par M. Oswald. (Donizetti).

7° *Air de la Favorite*, par Mlle Poinsot. (Donizetti).

8° *Quintetto, de Lucie*, par MM. Duprez, Bertrand, Oswald, Balanqué ; Mlle C. Duprez. (Donizetti).

DEUXIÈME PARTIE

9° *Final et sextuor de la Juive*, par MM. Duprez, Balanqué, Oswald, Bertrand ; Mlles Poinsot et C. Duprez. (Halévy).

10° *Air du Siège de Corinthe*, par M. Balanqué. (Rossini).

11° *Grand duo de la Norma*, par Mlles Ponsot et E. de Joly. (Bellini).

12° *La Pluie d'or et l'Arabesque*, par Mlle E. de Joly. (Brison et Ravina).

13° *Air de Lucie*, par Mlle C. Duprez. (Donizetti).

14° *Scène et air de la Juive*, par M. Duprez. (Halévy).

15° *Jeanne la Rieuse* et *la Vie d'une Fleur*, romances, par Mlle C. Duprez, poésies de M. Ed. Duprez, musique de Duprez.

16° *Introduction et sextuor de Jérusalem*, par MM. Duprez, Balanqué, Oswald, Bertrand ; Mlles Poinsot, C. Duprey, E. de Joly. (Verdi).

Le piano sera tenu par Mlle E. de Joly, premier prix du Conservatoire.

Les bureaux seront ouverts à 6 1/2, on commencera à 7 h. 1/2.

PRIX DES PLACES

Premières fermées et stalles, 5 fr. ; amphithéâtre des premières, 4 fr. ; chaises d'orchestre numérotées, 4 fr. ; secondes et loges des secondes, 3 fr. ; parterre, 2 fr. ; troisièmes, 1 fr.

S'adresser, pour la location des loges, à M. *Edouard Duprez* (Hôtel du Nord), de 10 heures à 4 heures.

Duprez donna un nouveau concert le 12 mai, où il chanta le deuxième acte de *la Juive*, en remplissant le rôle d'Eléazar et le deuxième et troisième actes du *Barbier de Séville*, en interprétant le rôle d'*Almaviva*.

Les deux concerts font des salles archi-combles où les dames se trouvent en majorité, chose qui ne s'était jamais vue à Saint-Etienne. Ce vrai prodige tient seul au nom de l'illustre *Duprez*.

Aussi, sommes-nous persuadés que la visite du grand chanteur qui laissa de si bons souvenirs, doit être encore au cœur de quelques Stéphanois.

Le 28 juillet 1850, se fait l'ouverture de l'année théâtrale 1850-1851, qui, certes, devrait être passée sous silence, si l'on n'avait à enregistrer la venue de Mlle *Araldi*, de la *Comédie Française*, actrice tragique, émule de *Rachel*, née à *Milan* le 25 octobre 1825 et qui vient de sa voix d'or nous faire entendre *Phèdre* et *Jeanne d'Arc*, où elle déploya toutes les ressources d'un incontestable talent, 10 septembre 1850.

Cette actrice qui débuta à l'âge de 7 ans, à la *Scala* de *Milan*, était l'objet d'un enthousiasme frénétique. On rapporte que chaque soir au contrôle, on dressait la liste des personnes qui la demandaient et que lorsque la pièce était achevée, un employé de la direction la portait successivement revêtue de son costume dans chacune des loges indiquées, où elle était fêtée, caressée, comblée de friandises et de bijoux d'un grand prix ; aussi, la surnomma-t-on la *Petite Merveille*.

Une manifestation tumultueuse s'étant produite le 15 octobre, pendant la représentation de *l'Eau Merveilleuse*, opéra bouffe, le maire prend un arrêté ordonnant la fermeture du théâtre jusqu'à nouvel ordre, attendu, disent les considérants : 1º que des désordres graves se sont produits et ont nécessité l'intervention de la police ; 2º que l'insuffisance des acteurs n'est pas en rapport avec l'importance du théâtre de *Saint-Etienne*.

Les malheureux artistes qu'une telle mesure inopinée plonge dans la misère, essayent de se constituer en

société ; malheureusement, le succès ne correspond à leur
attente et ils sont obligés de se séparer après avoir joué
sous la direction d'un des leurs, *M. Ph. Fonlbonne*,
quelques pièces, entre autres *Jenny l'ouvrière*, *Francine*,
Paillasse, *Charles VI*, *Gaslibelza* ou *le Fou de Tolède*.

Signalons pour mémoire l'exhibition sur notre scène
du *Prince et de la Princesse Colibri*. A *Saint-Etienne*
comme à *Paris*, ces deux miniatures excitent presque de
l'enthousiasme. Le prince *Colibri* laisse bien loin derrière
lui tous les nains connus. Il est bien fait de sa personne,
et d'allure distinguée, soit qu'il exécute *la Scène de
l'Empereur*, *la veille d'Austerlitz*, soit qu'il copie *le Lion
parisien* ou *le Roué de la Régence*.

Notre théâtre reste fermé par ordre de la municipalité
jusqu'au samedi 19 juillet 1851, jour ou *M. Victor
Daiglemont* prend la direction de notre théâtre avec une
bonne troupe d'opéra et de comédie composée de
MM. Tallon, ténor ; *Devillas*, baryton ; *Henriette Chevalier*,
première chanteuse ; *Mme Daiglemont*, premier rôle de
drame ; *Godin*, comique ; *M. Fayolle* et *Masson*, premiers
rôles.

Au milieu de nombreuses reprises, il y a lieu de citer
Claudie, de G. Sand, *un Jeune homme pressé*, de Labiche,
un Mariage sous Louis XV, d'Alexandre Dumas, *le
Chevalier du Guet*, *la Mort du Tasse*, drame historique en
5 actes, *Barbe bleue*, qui obtient un prodigieux succès, *la
Closerie des Genêls* et les opéras *la Part du Diable*, *le
Caïd*, *Giralda*, *la Sirène* où paraissent avec éclat le ténor
Tallon et *Mlle Chevalier*.

Le 2 décembre 1851, représentation sensationnelle de
Remon et Baroueni ou *lou Peintre et lou Fargœu*, pièce
locale en vers mêlée de couplets, par *Linossier* dit *Palasson*,
peintre en décors à Saint-Etienne, et d'une autre pièce en
patois intitulée *Kinkaina* et *Barba Daiga* où ena no vai
la *Grenolla*, barountare ou eni acte mécla de chant et on
patois de vai *Santchièvc*, par *M. Linossier*, jouée par
Ravel et Linossier. Les spectateurs firent bon accueil aux

deux pièces et demàndèrent à grands cris à ce que *Palasson* parut sur la scène à la fin du spectacle.

Son nom fut salué par de nombreux applaudissements, dans lesquels la claque ne joua aucun rôle.

M. *Daiglemont* fut un directeur actif et qui sut se concilier les bonnes grâces du public, en lui faisant entendre en 1852, *le Songe d'une Nuit d'été*, opéra comique, *la Guerre des Femmes* ou *le Fort Saint-Georges*, *les Monténégrins*, opéra comique en 3 actes, *Toréador*, opéra comique, *Notre-Dame de Paris*, *l'Ame en peine*, opéra fantastique, et *la Belle Ecaillère*.

Le 8 février paraissent *Joseph Kelm*, premier comique du Palais-Royal et le 10 du même mois, la *Sénora Pepita Oliva*, première danseuse *espagnole* du théâtre *Royal de Madrid*, qui danse les pas les plus caractéristiques de *l'Espagne*, *l'Aragonaise*, *le Jaléo de Xérès*, *Madrilena* et *El-Ole*.

Le *Stéphanois*, toujours friand d'amusements chorégraphiques, n'a garde de manquer pareille aubaine ; aussi la *Sénora Pepita* avec ses grands yeux qui fascinent, avec les provoquants renversements de ses reins souples et cambrés et l'onduleux remous de sa robe évasée en calice, soulève d'interminables applaudissements.

Sa plastique impeccable et sa grâce lascive exercent sur tous un irrésistible attrait.

C'est pour la danseuse non pas un succès, mais un royal triomphe.

Mme *Thérésa Milanollo*, violoniste célèbre, née près de *Turin*, et qui épousa, en 1851, M. *Parmentier*, officier supérieur du *Génie Français*, succède à la voluptueuse et sémillante *Espagnole*.

MM. *Piot*, *Montgruel*, et la *Sibylle Moderne*, closent le 30 avril l'année théâtrale, le premier par des *tableaux vivants* représentants des scènes mythologiques, et les seconds par des expériences de magnétisme et de transmissions de pensées, qui impressionnent vivement le public.

C'est M. *Chabrillat* qui, le 14 août 1852, prend comme

directeur, possession de notre scène par *la Dame aux Camélias* et *le Manoir de Montlouvier*, superbement joués par une troupe d'une homogénité parfaite, à savoir : premiers rôles, *Emile Petit, Thierry, Ducouret, Martin jeune*, premier rôle de l'*Ambigu de Paris* ; Mmes *Virginie* et *Lemoule*.

Le 6 septembre, *Ravel*, premier comique du théâtre du *Palais Royal* et Mlle *Aline Duval*, récoltent de nombreux applaudissements en faisant rire aux larmes les *Stéphanois*, heureux d'entendre à nouveau *le Caporal et la Payse*.

A l'occasion du passage du *Prince Louis-Napoléon*, à *Saint-Etienne*, le vendredi 17 septembre, la ville offre une représentation gratuite au peuple. Les comédiens se surpassent en interprétant *Marianne ou la Vivandière de la 32me demi-brigade*, devant celui qui devait être plus tard *Napoléon III*.

Les portes et bureaux s'ouvrent à 5 heures et le spectacle à 6 heures précises.

Puis se succèdent les pièces suivantes : *M. de Malboroug*, drame burlesque en 3 actes, parsemé de chants, de combats à cheval et de beaucoup d'autres choses comme le porte l'affiche, *Jugement de Salomon*, en 13 scènes, *les contes de la Reine de Navarre, la Poissarde ou les Halles en 1804, la Queue du Diable, la Vie de Bohême, à la Guerre comme à la Guerre, l'Apprenti ou l'Art de faire une Maîtresse, Il faut qu'une porte soit ouverte ou fermée*, comédie d'Alfred de Musset, *le Courrier de Lyon, la Mendiante et l'Empereur en 1814-1815 ou la barrière de Clichy*, avec les costumes et décors du Théâtre-National de Paris. Cette dernière pièce est montée avec un luxe inouï, et *E. Duprez*, le frère de l'illustre chanteur, vient lui-même présider à l'immense travail qu'il faut faire pour installer sur notre lamentable et petite scène les magnifiques décors dont il est le propriétaire et qui ont été brossés par *M. Devoir*, peintre du Grand-Opéra de Paris. C'est un véritable succès qu'enregistrent les annales de notre théâtre, aussi cette pièce tient-elle l'affiche pendant plus d'un mois.

N'oublions pas ni la soirée musicale de *M. Ernest* et *Mlle Siona Lévy*, ni les représentations de *Mlles Casajuana* et *Carmela*, premiers sujets des théâtres de Paris, ni celle de *M. Parizot* et de la splendide *Esther*, du Jardin d'hiver.

Nous devons toutefois, le 9 janvier 1853, une mention spéciale pour la venue de *Céline Montaland*, artiste du *Palais-Royal*, âgée de 8 ans, et de son père acteur au Vaudeville, qui paraissent dans le *Vieux Garçon, la Petite Fille bien gardée* et *la Fée Cocotte*. Ces représentations sont très suivies et très goûtées.

On joue, le 3 février, *la Jérusalem délivrée*, drame fantastique en 10 tableaux, de *M. Francis*, avec 4 décors nouveaux ; le 10, *Neuville*, premier comique des Variétés, se présente dans *Jacquot ou 10 Têtes sous un bonnet*. *Neuville*, dans le rôle de *Jacquot*, contrefait dix des principaux comiques de Paris, *Bouffé, Ravel, Lepeintre jeune, Odry, Klein, Numa, Serres, Thénard, Bardou* et *Alcide Tousses*.

Il obtint un succès délirant dans *Genièvre de Brabant*, complainte avec accompagnement de trombone.

Puis paraît sur notre scène *Louis Abadie*, le compositeur de musique devenu célèbre, grâce à sa mélodie, *les Feuilles Mortes*, auquel succède, le 10 avril, *Mlle Nathalie* de la Comédie-Française, qui nous arrive de Lyon, après y avoir obtenu un des plus beaux triomphes dont l'art puisse s'enorgueillir et se fait chez nous vivement applaudir dans *un Caprice*, d'Alfred de Musset, *le Baiser de l'Etrier* et *la Petite Fadette*.

Après *Mlle Nathalie*, *Mlle Grave*, de la Porte-Saint-Martin, qui joue à la perfection devant une salle comble *la Dame aux Camélias* et *la Case de l'Oncle Tom*, et qui cède le pas, le 5 septembre, à *Mme Anna Lagrange*, qui donne un brillant concert avec l'aide de *Mme Sofia Véra*, de *M. Feranti*, premier baryton du théâtre *Italien de Paris*, dont la verve méridionale et la belle voix ont un grand succès surtout dans la barcarolle de la *Prison d'Edimbourg* et, enfin, *M. Bauman*, premier violoncelliste lyonnais.

Il ne faut pas que la succession ininterrompue de ces artistes en renom nous fasse omettre une représentation d'un tableau populaire intitulé la *Vogue de Saint-Roch*, pièce dans laquelle est intercalée une chanson portant le titre *La Stéphanoise*, dont le refrain est bientôt sur toutes les lèvres.

Le 17 avril 1853, *Mlle Amédine Luther*, première ingénuité de la Comédie-Française, vient pour clôturer la saison théâtrale par *Livre 3, chapitre Ier, Brutus lâche César*.

Les portes du théâtre du *Pré de la Foire*, qui sert encore d'asile pendant une dizaine d'années à un café-concert, se ferment sur *Achard*, le 4 septembre 1853, ainsi que le démontre l'affiche suivante :

THÉÂTRE DE SAINT-ETIENNE

Dimanche 4 septembre, à la demande générale et pour la clôture *définitive* du théâtre, représentation de M. *Achard*, premier comique du théâtre du *Palais-Royal*.

PROGRAMME

La Morale en action, vaudeville en un acte.
M. *Achard* remplira 4 rôles de différents caractères ;
L'Amour en commandite, vaudeville en un acte ;
Les Économies de Cabochard, vaudeville en un acte ;
Le Brasseur mélomane, pochade en un acte ; .
La Rue de la Lune, vaudeville en un acte.

INTERMÈDES

Tradita, Genièvre, Jacquel ;
Les Modistes, romances et chansonnettes, chantées par *Achard*.

C'est donc sur un air de romance que, mollement bercés, s'endorment et se taisent à jamais les échos du théâtre du *Pré de la Foire*, qui fut souvent bien à l'étroit pour contenir et les spectateurs et l'immense talent d'une pléiade d'artistes, non encore remplacés et dont le souvenir se perpétuera dans l'infini des siècles.

FIN

TABLE DES MATIÈRES

CONTENUES DANS "PAGES LOINTAINES"

HISTOIRE ANECDOTIQUE

DU

Théâtre de Saint-Etienne

	PAGES
La loggia de la Place Chavanelle	11
Prix des places	12
Disparition de ce premier théâtre (1784).	12

Théâtre de M. Blanc en rue Neuve	13
L'historien Pupil	13
Fermeture de ce théâtre (16 décembre 1792) . . .	15

PAGES

Théâtre de l'Eglise des Minimes 17
Société populaire 17
Procès-verbaux de l'administration 18
Plan du théâtre 21
Prix des places 25
Direction Kloquemman (1798 à 1807) 25
Mme Dugazon 25
Senelle 26
Lecrocq 26
Lablanchère 26
Mlle Lagier 26
Mme Stéphanie Darcourt 26
Fêtes du 14 Juillet et de la République 26
Premiers bals au théâtre 26
Arrêtés de police sur les théâtres 27
Arrêté supprimant le Théâtre des Minimes 31

Théâtre du Pré de la Foire 33
Inauguration 33
Description du théâtre 34
Direction Constant (1811) 34
Mme Jolibois 34
Duprat 34
Mme Castelli 34
Mme Duprat-Selmers 34
Vers à Mlle Jolibois 35
Direction Marsy (1812) 35
Berty 35
René Roche 35
Mme Saint-Arnaud 35
Mme Lacroix 35
Direction Garcin (1813) 36
Mme Kubly 36
Théâtre de singes et chiens savants 36
Mlle Blondin, danseuse de corde 36

PAGES

Mlle Garcin. 36

Bouvaret. 36

Direction Martin (1814). 37

Leclerc, du Théâtre-Français. 37

Mlle Villaume 37

Pétition des habitants. 37

Direction Réocreux. 39

Prestidigitateur Chalon. 40

Direction Modeste (1817 à 1820). 40

Direction Saint-Romain (1820 à 1822). 40

Direction d'Harmeville (1825). 41

Mme Marigny. 41

Représentation tumultueuse ; arrêté du Maire. . . 42

Première affiche coloriée. 42

Leppel, premier comique des Célestins 43

Saint-Albin 43

Représentations de Mlle Georges. 44

Adolphe, élève de Talma. 45

Anecdotes sur Mlle Georges. 46

M. et Mme Lagardère, du Théâtre-Français. 47

Mme Desvignes. 48

Elleviou aîné 48

Mlle Faivre, des Célestins. 48

Auguste, des Célestins. 48

Saint-Ernest, élève de Talma. 48

Mme Dufrenoy 48

Direction Baudoin (1827). 48

Hippolyte Roland, des Célestins. 49

Premier bal au théâtre du Pré de la Foire. 49

Direction d'Harmeville (1827). 50

Mme Sirecourt 50

Le Febvre. 50

Saint-Albin 50

Un mot de Carle Vernet 50

Direction Saint-Amand (1827). 51

M. et Mme Adam, des Célestins. 51

Plaintes de la population. 51

Mme Genetty, danseuse Napolitaine. 52

	PAGES
Famille Cabanel, acrobates.	52
Direction d'Harmeville (1828).	52
Mlle Coraly.	53
Mlle Michaut.	53
Abadie.	53
Saint-Léon	53
Direction Modeste (1828).	53
Représentation de Ligier, du Théâtre-Français. . .	53
Mlle Florival, des Célestins	54
Retour de Ligier	54
Anecdotes sur Ligier.	54
Banquet à Ligier	54
Vers à Ligier, par M. Ed. Servan de Sugny	55
Vers à Ligier, par C. R.	56
Famille Camoin.	56
Direction d'Harmeville	57
Mme Lebel.	57
Mme Semaladis.	57
Direction Danguin (1829).	57
Emeute au théâtre (1er janvier 1830).	58
Cirque Gallien	58
Commencement d'incendie de ce cirque.	58
Dévouement de l'acteur Joseph.	58
Mme Danguin	58
Direction Philippot-Célicourt.	58
Girel, danseur, du Grand-Théâtre de Lyon	58
La Ségusienne, par Aimé de Loy	59
Saint-Martin.	60
Alexandre.	60
Lettre de Mme Desbordes à Alexandre	60
Vers de Walter-Scott.	61
Traduction.	61
Mlle Duchesnois, du Théâtre-Français	62
Anecdotes sur cette actrice.	63
Direction Pastelot (1831-1834).	63
Mme Voiturier	63
Mlle Reichenstein	63
Mlle Pastelot.	63

PAGES

Mlle Clara 63

Mlle Clorinde, chanteuse du théâtre de Naples. . . 64

Vote de 600 francs par la Ville pour le blanchiment
de la salle de spectacle 64

Disgrâce d'une ouvreuse ; sa lettre. 65

Mme Lacoste. 65

Mlle Eugénie Fay 65

Philippe, du Palais-Royal. 66

Paganini. 66

Mme Dérancourt, chanteuse légère 66

Inondations de 1834 66

Klisching, mime Anglais. 66

Direction Pastelot-Belcourt (1834) 67

Mme Lacoste. 67

Moliny. 67

Le prestidigitateur Bosco. 67

Direction Pastelot-Mircourt (1835) 67

Etat d'âme de nos concitoyens en 1836 67

Joséphine et Mina Werthermann. 68

Exercices gymnastiques et athlétiques. 68

Théâtre des Variétés 69

Direction Befort-Pastelot (1836). 69

Vers sur le théâtre projeté à Saint-Etienne 70

Chanteurs Styriens. 71

M. et Mme Volnys (Léontine Fay). 71

M. Ed. Moreau, peintre-décorateur. 72

M. Balan, peintre ordinaire du théâtre. 72

La troupe d'Avignon 73

Le ténor Duval 73

Lovendal 73

Martin, baryton. 73

Mme Callaut. 73

Mme Lacoste. 73

Direction Annet (1836) 73

Changement d'éclairage 73

Etablissement des stalles. 73

Mme Dorval, du Théâtre-Français. 74

Histoire de sa vie ; anecdotes. 75

	PAGES
La Malibran.	76
Troubles au théâtre.	77
Retour d'Alexandre.	77
Vizentini aîné.	78
Direction Annet (1837-1838).	78
Barqui.	78
Heure du spectacle.	78
Mme Annet.	78
Musiciens du 3me léger.	78
M. Schroder, chef de musique.	78
39me de ligne	79
M. Guillabert, colonel du 39me.	79
Mme Grasseau.	79
Mlle Mathis.	79
Weber.	79
Simonot.	79
Labrot, chef d'orchestre.	79
Inondations de 1837	79
Changement de l'heure du spectacle.	80
Théâtre Italien	80
Pellizari.	80
Prix des places.	80
M. et Mme Albert, du Théâtre-Français.	80
Vers à Mme Albert.	80
Seut, voyageur de commerce.	80
Le chevalier Philippa, émule de Paganini.	82
Le ténor Odéja Monti.	82
La Stéphanoise de 1838	82
Achard, du Palais-Royal	84
Ses représentations ; joyeux incident.	84
Delacroix.	85
Francisque	85
La troupe Castelli, gymnasiarques.	85
Les lutteurs des arènes de Nîmes	86
Retour de Ligier	86
Arnal	87
Vers d'Arnal : « L'Ecolier et le Passant ».	87
Sa lettre à un huissier	88

PAGES

Direction Annet (1839) 89

Danseurs Espagnols 89

Tumulte au théâtre. 90

Arrestation d'un élève de l'Ecole des Mines 90

Interdiction du port de l'épée aux élèves de l'Ecole
des Mines . . . : 90

Direction Célicourt (1839). 91

Mlle Jenny Vertpré. 91

Vers de Mlle Clara-Francia Mollard. 91

Pamphlet sur le théâtre. 92

Direction Annet (1839) 94

Transformation du théâtre 94

Mlle Alix Hurtaux. 94

Musique du 56me de ligne. 94

Bernard Léon. 94

Rouvière, de l'Odéon. 95

Mlle Angelina Legros, du Gymnase de Lyon. . . 95

David, du Théâtre-Français. 95

Mme Darus, du Théâtre-Français 95

Mme Provence, de l'Odéon. 95

Le couple Dolorès-Campruri, danseurs Espagnols 96

Direction Belcourt (1840). 96

Première subvention municipale. 96

Apparition de l'éclairage au gaz. 100

Prix des places. 100

Liste de souscription pour la venue de Rachel . . 101

Déjazet ; ses représentations. 101

Rachel. 102

Anecdotes sur sa vie. 102

Velours Rachel. 107

Levassor 107

L'improvisateur Pradel. 107

L'art de la réclame. 109

Mme Dorval 111

Mort de Mlle Richet. 111

Bal masqué. 112

Direction Simon (1841-1842). 113

Mme Marion. 114

PAGES

M. et Mme Mélingue. 114

Napoléon Zachetti, peintre-décorateur. 114

Différend entre actrices. 116

Direction Poirier (1843-1844). 117

Réparations au théâtre. 117

Joseph Kelm 118

Concert Copini 118

Mort de M. Poirier. 119

Direction Poirier fils (1845. 119

Mme Fayolle. 119

Laluyé et Mlle Rosalvina, danseurs comiques . . . 119

Apparition de la Polka à Saint-Etienne. 119

Direction Labarre (1845-1846). 120

Prix des abonnements 120

Panique au théâtre. 120

Les sœurs Milanollo. 121

Mme Vidmann. 121

Direction Coppini (1847). 122

Baryton Martin, d'origine stéphanoise. 122

Sa biographie. 122

Mlle Duval. : 125

Ravel, comique du Palais-Royal. 125

Retour de Ligier 125

Vers à Ligier, par L. V. 126

Direction Rousseau (1848) 127

Mme Mériel. 127

La petite Caroline. 127

Pièces à bénéfice. — Coutume de l'époque. 128

Klisching, le mime de la Porte-Saint-Martin. . . . 128

Célicourt, le doyen des comiques Lyonnais. . . . 128

Victor Genin 128

Nuit Vénitienne. 128

Direction Allan-Dorville (1849-1850-51) 128

Le ténor Duffley, de l'Opéra, de Paris. 129

Lepeintre aîné 130

Sa lettre et ses adieux au public. 131

Concert par Duprez, 1er ténor de l'Opéra. 132

Mlle Caroline Duprez, chanteuse légère. 132

PAGES

Mlle Poinsot, forte chanteuse.   132
Mlle Araldi, de la Comédie-Française.   134
Prince et princesse Colibri.   135
Direction Daiglemont (1851).   135
Le ténor Tallon.   135
Mlle Chevalier.   135
La Sénora Pépita Oliva, danseuse Espagnole. . . .   136
Mme Thérésa Milanollo   136
Tableaux vivants.   136
Direction Chabrillat (1852).   136
Ravel   137
Céline Montaland.   138
Neuville, comique des Variétés, de Paris   138
Mlle Nathalie, de la Comédie-Française   138
Mlle Grave, de la Porte-Saint-Martin.   138
Mlle Amédine Luther, de la Comédie-Française . .   139
Achard, premier comique, du Palais-Royal   139
Fermeture du théâtre du Pré de la Foire   140

FIN DE LA TABLE DES MATIÈRES

www.ingramcontent.com/pod-product-compliance
Lightning Source LLC
Chambersburg PA
CBHW052101090426
42739CB00010B/2276